わかって
合格る

FPのテキスト

3級

棚田健大郎 監修
TAC出版編集部 編著

TAC出版

TAC PUBLISHING Group

突然ですが、問題です。

仮に40歳の平均的な年収の会社員が大きな病気をして、1ヵ月に100万円の医療費がかかった場合、自己負担はいくらでしょうか?

正解は、わずか約 <u>9 万円</u>です。

FPを学ぶことで、これまで知らなかったお金に関するさまざまな知識が身につきます。

国家戦略にもなっている金融経済教育

金融庁では、「**金融経済教育および投資教育を通じた金融リテラシーの向上**」を金融行政上の課題の1つとして位置付けています。

さらに「そのためには金融や経済についての知識、保険商品やローン商品および資産形成商品の適切な利用選択に必要な知識を習得することが不可欠である」と示しています。

FPの活躍の場が今後ますます増えていくことが期待されています。

FP 試験の全体像を知ろう

実施団体は 2 つある

　FP 技能検定を実施しているのは、「金融財政事情研究会（金財）」と「日本FP 協会」の 2 つあります。**どちらで試験を受けても** FP 技能士の取得ができます。過去問題を見て、取り組みやすいほうを選ぶと良いでしょう。

FP 試験の流れを知ろう

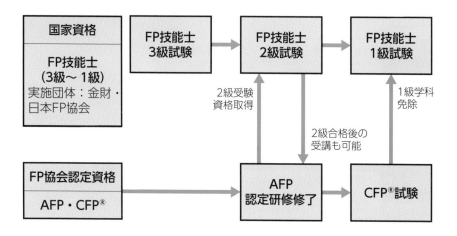

一般社団法人 金融財政事情研究会
HP：https://www.kinzai.or.jp/
TEL：03-3358-0771

NPO 法人　日本 FP 協会
HP：https://www.jafp.or.jp/
TEL：03-5403-9890

FP 3 級試験の全体像

受検資格（3 級の場合）

特になし

試験科目

　FP 3 級技能士を取得するためには、「学科試験」と「実技試験」の両方に合格する必要があります。

学科試験

出題形式	○×式 30 問、三答択一式 30 問の合計 60 問
試験時間	90 分
合格基準	60 点満点で 36 点以上（6 割以上の正答）

実技試験

	金財	日本 FP 協会
出題形式	15 問（事例形式 5 題）	三答択一式 20 問
試験時間	60 分	
合格基準	50 点満点で 30 点以上 （6 割以上の正答）	100 点満点で 60 点以上 （6 割以上の正答）
出題科目	下記のいずれかを受検 個人資産相談業務 保険顧客資産相談業務	資産設計提案業務

実技試験の出題分野

　学科試験はすべての分野から出題されますが、実技試験は必ずしもすべての分野から出題されるわけではありません。

	金財 個人資産 相談業務	金財 保険顧客資産 相談業務	日本 FP 協会 資産設計 提案業務
ライフプランニングと 資金計画	○	○	○
リスク管理	×	○	○
金融資産運用	○	×	○
タックスプランニング	○	○	○
不動産	○	×	○
相続・事業承継	○	○	○

難易度や合格率

　FP 3 級の合格率はおおむね次のとおりです。

	金財	日本 FP 協会
学科	45〜65%	80〜85%
実技	【個人】50〜60% 【保険】40〜50%	【資産】80〜90%

※ CBT 試験に変更になり、合格率も変動する可能性があるので、
　あくまで目安にしてください。

　FP 協会のほうが合格率は高めですが、これは受検者の属性の違いなどによるので、難易度は同じです。

法令基準日 ～いつ時点の法律に基づいて出題されるか

法令基準日は、次のとおりです。

試験日	法令基準日
'24年6月～'25年5月	'24年4月1日

出題形式

CBT（Computer Based Testing）方式
～パソコンで受ける試験

CBT方式の概要

FP3級の試験は、原則として、紙ではなくパソコンにて解答します。

実施形態	受検者がパソコン等から受検日時・会場を予約し、テストセンターでパソコンを使用して受検
試験会場	全国のテストセンターから受検者が選択
試験日	休止期間を除く任意の日に受検可能
合格発表日	点数は試験終了後に通知 合格発表は試験日翌月中旬ごろ

本書の使い方

圧倒的な網羅性を実現

　本書では FP 3 級の過去 10 年間に出題された問題を徹底分析し、高い網羅性を実現しました。本書を使えば合格できる安心感こそが強みです。

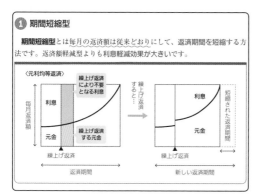

豊富な図表で理解度アップ

文章だけではわかりづらい内容は、図表でまとめています。イメージすることが知識の定着に役立ちます。

重要度が一目でわかる

| 4 | 育児休業給付 | Ⓐ |

　育児休業給付は、育児休業による収入が減少する被保険者に対して支給されるものです。

FP 3 級試験における重要度を Ⓐ と Ⓑ で表示しました。
Ⓐ は最重要な内容、Ⓑ はやや重要な内容となっています。

オカメインコの**オカ先生**　　セキセイインコの**セキさん**

勉強中の疑問は
"どうして" と
"ひとこと" で解決

疑問が生じやすい内容は
"どうして" と "ひとこと"
でズバリ解決！まさに**わかっ**
て合格るの真骨頂です。

補足説明も
バッチリ →

		変動金利 （半年ごと）	固定金利	
金利	適用利率	基準金利×0.66 「−」ではなく「×」	基準金利−0.05%	基準金利−0.03%
	最低保証金利	0.05%（金利の上限なし）		

間違いやすい箇所やわかりづらい箇所は、補足説明を入れているので、
確実な理解につながります。

問題集で知識を定着させる

　学んだ知識は問題集を解くことで本当の実力が身につきます。
　本書と完全リンクした「わかって合格る FP の問題集 3 級」を一緒にご活
用ください。

特典を使いこなそう

CBT 模擬試験プログラム付き

本書では、実際の試験が体感できるCBT試験の模擬プログラムをご用意しています。

パソコン試験独特の操作方法は体験することで本番も安心です！

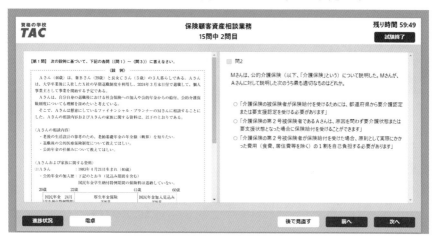

追加論点 PDF でさらなる実力アップ

本書には掲載されていない、やや難しい内容について、PDF にて追加情報を掲載しています。3 級を確実に合格したい人向けのさらなる実力アップとしてご利用ください。

人気 YouTuber　棚田健大郎さん監修

　FP の YouTube チャンネルでおなじみの棚田健大郎さんが、本書を全面監修しています。

【不動産大学 3rd】FP サークル by 棚田行政書士

　論点のツボとなる箇所には「たなけんポイント」で本当の理解をお助けしてくれます。

たなけん ポイント

●労災保険と健康保険の違い
　労災保険が業務上の事由に関する保険給付を行
は業務外の事由および被扶養者に係る保険給付を
ます。

　さらに、最強の暗記ツール「大量記憶表」を利用すれば、効率的な学習で合格へ着実にステップアップできます。

アクセスはこちら	TAC 出版	検索	書籍連動ダウンロード
パスワードを入力	240511200		サービスにアクセス

※模擬試験プログラムは TAC 出版が独自に製作したものです。実際の試験とは異なる場
　合がございますので、ご了承ください。
※本特典の提供期間は、本書の改訂版刊行月末日までです。

FP 試験勉強の秘伝

自分の**得意分野**から勉強しよう

　FP は科目ごとに勉強内容が独立しています。そのため、必ずしも始めから勉強する必要はありません。

知識がゼロなら「**ライフプランニングと資金計画**」や「**タックス**」からの勉強がお勧め

　学生であったり、FP に関連する業務に就いていないなどで FP 知識がない場合は、日常生活にもっとも身近な「ライフプランニングと資金計画」や、他の分野との関連性が高い「タックス」からの勉強がお勧め！

FP 知識は**自分の人生に照らして**覚える

　FP は覚えるべき知識や数字が多いです。でも、それを**自分の人生に照らして**考えてみましょう。学ぶ知識が身近になるので、覚えやすく忘れにくくなります。

　これは、**覚えるべき知識が日常と密接にかかわっている FP だからこそできる勉強法**です。

目次

不動産

239

相続・事業承継

291

本書は、2024年4月1日現在の施行法令に基づいて作成しております。

なお、改正がある場合には、下記ホームページの法改正情報コーナーに法改正情報を掲載いたします。

TAC出版書籍販売サイト「Cyber Book Store」
https://bookstore.tac-school.co.jp/

復興特別所得税の本書における取扱い

東日本大震災の復興財源を確保するため、2013年から「復興特別所得税」として、「所得税額（基準所得税額）×2.1％」が課されています。

FP試験では、復興特別所得税を含んだ場合の税率で出題されることも、復興特別所得税を含まない税率で出題されることもあるので、本書では必要に応じて所得税と復興特別所得税を分けて記載しています。

なお、本試験では問題文の指示にしたがって解答するようにしてください。

一般社団法人　金融財政事情研究会　ファイナンシャル・プランニング技能検定
3級実技試験（個人資産相談業務）平成29年10月許諾番号1710K000002

【監　修】

棚田健大郎（たなだ・けんたろう）

株式会社棚田リーガルホールディングスグループ　CEO

【編集協力】

松浦毅（まつうら・たけし）

株式会社FTPプランニング　代表取締役

・装丁：メディアワークス株式会社
・装画：都築めぐみ

'24-'25年版
わかって合格る　FPのテキスト3級

2024年5月27日　初　版　第1刷発行

編　著　者	T A C 出 版 編 集 部	
発　行　者	多　　田　　敏　　男	
発　行　所	TAC株式会社　出版事業部	
		（TAC出版）

〒101-8383
東京都千代田区神田三崎町3-2-18
電　話　03（5276）9492（営業）
FAX　03（5276）9674
https://shuppan.tac-school.co.jp

組　　版	有限会社　マーリンクレイン	
印　　刷	株式会社　光　　　邦	
製　　本	株式会社　常　川　製　本	

© TAC 2024　　Printed in Japan

ISBN 978-4-300-11200-7
N.D.C. 338

魅惑のパーソナルファイナンスの世界を感じられる無料オンラインセミナーです！

「多くの方が不安に感じる年金問題」「相続トラブルにより増加する空き家問題」
「安全な投資で資産を増やしたいというニーズ」など、社会や個人の様々な問題の解決に、
ファイナンシャルプランナーの知識は非常に役立ちます。
長年、ファイナンシャルプランニングの現場で顧客と向き合い、
夢や目標を達成するためのアドバイスをしてきたベテランFPのTAC講師陣が、
無料のオンラインセミナーで魅力的な知識を特別にお裾分けします。
とても面白くためになる内容です！
無料のオンラインセミナーですので、気軽にご参加いただけます。
ぜひ一度視聴してみませんか？　皆様の世界が広がる実感が持てるはずです。

皆様の **人生を充実させる**のに必要なコンテンツがぎっしり詰まった**オンラインセミナー**です！

 参考 **過去に行ったテーマ例**

- 達人から学ぶ「不動産投資」の極意
- 老後に役立つ個人年金保険
- 医療費をたくさん払った場合の節税対策
- 基本用語を分かりやすく解説 NISA
- 年金制度と住宅資産の活用法
- FP試験電卓活用法
- 1級・2級本試験予想セミナー
- 初心者でもできる投資信託の選び方
- 安全な投資のための商品選びのチェックポイント
- 1級・2級頻出論点セミナー

- そろそろ家を買いたい！実現させるためのポイント
- 知らないと損する！社会保険と公的年金の押さえるべきポイント
- 危機、災害に備える家計の自己防衛術を伝授します
- 一生賃貸で大丈夫？老後におけるリスクと未然の防止策
- 住宅購入時の落とし穴！購入後の想定外のトラブル
- あなたに必要な保険の見極め方
- ふるさと納税をやってみよう♪ぴったりな寄付額をチェック

ファイナンシャル・プランナー

TAC FP講座案内

TACのきめ細かなサポートが合格へ導きます！

合格に重要なのは、どれだけ良い学習環境で学べるかということ。資格の学校TACではすべての受講生を合格に導くために、誰もが自分のライフスタイルに合わせて勉強ができる学習メディアやフォロー制度をご用意しています。

入門編から実務まで。FPならTACにお任せ！

同じFPでも資格のレベルはさまざま。入門編の3級から仕事に活用するのに必須の2級（AFP）、グローバルに活躍できる1級・CFP®まで、試験内容も異なるので、めざすレベルに合わせて効率的なプログラム、学習方法で学ぶことが大切です。さらにTACでは、合格後の継続教育研修も開講していますので、入門資格から実践的な最新知識まで幅広く学習することができます。

3級
金融・経済アレルギーを解消！

「自分の年金のことがよく分からない」「投資に興味はあるんだけど、どうしたらいいの？」「ニュースに出てくる経済用語の意味を実は知らない…」「保険は入っているものの…」など金融や経済のアレルギーを解消することができます。「この際、一からお金のことを勉強したい！」そんな方にオススメです。

2級・AFP
FPの知識で人の幸せを演出する！

就職や転職をはじめ、FPの知識を実践的に活かしたい場合のスタンダード資格が2級・AFPです。金融機関をはじめとした企業でコンサルティング業務を担当するなど、お客様の夢や目標を実現するためにお金の面からアドバイスを行い、具体的なライフプランを提案することもできます。「みんなが幸せに生きる手助けをしたい！」そんな夢を持った方にオススメです。

1級・CFP®
ビジネスの世界で認められるコンサルタントをめざす！

FP資格の最高峰に位置づけられるのが、1級・CFP®です。特にCFP®は、日本国内における唯一の国際FPライセンスです。コンサルタントとして独立開業する際に1級やCFP®を持っていると、お客様からの信頼度もアップします。「プロのコンサルタントとして幅広いフィールドで仕事がしたい！」そんな志を抱いている人は、ぜひ1級・CFP®を目指してください。

TAC FP講座 オススメコース

過去問トレーニングで万全の試験対策を！

2級過去問解説講義

WEB講座専用コースで、いつでも好きな時間に学習できます。

FP技能検定試験の本試験問題を全問解説する講座です。答えを見ただけでは理解しにくい部分も、ベテラン講師が問題に書き込みながら行う解説により、しっかりと理解できるようになります。また本講座はWeb通信講座なので、いつでも講義を視聴することができ大変便利です。定番問題の解法テクニックの習得や試験直前の総まとめとしてご利用ください。

講義時間
約90分／各回・各科目

受講料
¥800／各回・各科目　※入金金は不要です。
※受講料には消費税10%が含まれます。

教材について

当コースには、本試験問題はついておりません。過去問題及び解答は、本試験実施団体（日本FP協会・金融財政事情研究会）のHPから無料でダウンロードできますので、ご自身でご用意ください。

○日本FP協会：
https://www.jafp.or.jp/exam/mohan/

○金融財政事情研究会：
https://www.kinzai.or.jp/ginou/fp/test-fp

【ご注意】 お申込みはe受付（インターネット）のみです。
インターネットによるお申込みの場合には、クレジットカード決済をご選択頂けます。
e受付はこちらから → https://ec.tac-school.co.jp

TAC出版 書籍のご案内

TAC出版では、資格の学校TAC各講座の定評ある執筆陣による資格試験の参考書をはじめ、資格取得者の開業法や仕事術、実務書、ビジネス書、一般書などを発行しています!

TAC出版の書籍
*一部書籍は、早稲田経営出版のブランドにて刊行しております。

資格・検定試験の受験対策書籍

- ✿日商簿記検定
- ✿建設業経理士
- ✿全経簿記上級
- ✿税理士
- ✿公認会計士
- ✿社会保険労務士
- ✿中小企業診断士
- ✿証券アナリスト

- ✿ファイナンシャルプランナー(FP)
- ✿証券外務員
- ✿貸金業務取扱主任者
- ✿不動産鑑定士
- ✿宅地建物取引士
- ✿賃貸不動産経営管理士
- ✿マンション管理士
- ✿管理業務主任者

- ✿司法書士
- ✿行政書士
- ✿司法試験
- ✿弁理士
- ✿公務員試験(大卒程度・高卒者)
- ✿情報処理試験
- ✿介護福祉士
- ✿ケアマネジャー
- ✿電験三種　ほか

実務書・ビジネス書

- ✿会計実務、税法、税務、経理
- ✿総務、労務、人事
- ✿ビジネススキル、マナー、就職、自己啓発
- ✿資格取得者の開業法、仕事術、営業術

一般書・エンタメ書

- ✿ファッション
- ✿エッセイ、レシピ
- ✿スポーツ
- ✿旅行ガイド (おとな旅プレミアム/旅コン)

書籍の正誤に関するご確認とお問合せについて

書籍の記載内容に誤りではないかと思われる箇所がございましたら、以下の手順にてご確認とお問合せを
してくださいますよう、お願い申し上げます。

なお、正誤のお問合せ以外の**書籍内容に関する解説および受験指導などは、一切行っておりません。**
そのようなお問合せにつきましては、お答えいたしかねますので、あらかじめご了承ください。

1 「Cyber Book Store」にて正誤表を確認する

TAC出版書籍販売サイト「Cyber Book Store」の
トップページ内「正誤表」コーナーにて、正誤表をご確認ください。

CYBER TAC出版書籍販売サイト
BOOK STORE

URL:https://bookstore.tac-school.co.jp/

2 1の正誤表がない、あるいは正誤表に該当箇所の記載がない
⇒ 下記①、②のどちらかの方法で文書にて問合せをする

★ご注意ください★

お電話でのお問合せは、お受けいたしません。

①、②のどちらの方法でも、お問合せの際には、「お名前」とともに、
「対象の書籍名（○級・第○回対策も含む）およびその版数（第○版・○○年度版など）」
「お問合せ該当箇所の頁数と行数」
「誤りと思われる記載」
「正しいとお考えになる記載とその根拠」
を明記してください。

なお、回答までに１週間前後を要する場合もございます。あらかじめご了承ください。

① ウェブページ「Cyber Book Store」内の「お問合せフォーム」より問合せをする

【お問合せフォームアドレス】

https://bookstore.tac-school.co.jp/inquiry/

② メールにより問合せをする

【メール宛先　TAC出版】

syuppan-h@tac-school.co.jp

※土日祝日はお問合せ対応をおこなっておりません。
※正誤のお問合せ対応は、該当書籍の改訂版刊行月末日までといたします。

乱丁・落丁による交換は、該当書籍の改訂版刊行月末日までといたします。なお、書籍の在庫状況等
により、お受けできない場合もございます。

また、各種本試験の実施の延期、中止を理由とした本書の返品はお受けいたしません。返金もいたし
かねますので、あらかじめご了承くださいますようお願い申し上げます。

(2022年7月現在)

【本書のご利用方法】

分解して利用される方へ

色紙を押さえながら、「2分冊」の各冊子を取り外してください。

各冊子と色紙は、のりで接着されています。乱暴に扱いますと破損する恐れがありますので、丁寧に取り外しいただけますようお願いいたします。

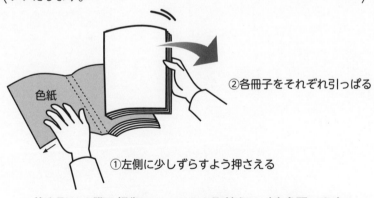

②各冊子をそれぞれ引っぱる

色紙

①左側に少しずらすよう押さえる

＊ 抜き取りの際の損傷についてのお取替えはご遠慮願います ＊

TAC出版

TAC PUBLISHING Group

'24～'25年版

わかって合格る

FPのテキスト

3級

第1編

ライフプランニングと資金計画
リスク管理
金融資産運用

目次

金融資産運用

1章 ライフプランニングと資金計画

社会保険と年金に関する知識は日常生活でも必須!

学科

重要論点 BEST **3**

住宅取得プランニング …… フラット35、住宅ローンの一般的な知識

社会保険 …… 健康保険、雇用保険

公的年金 …… 老齢基礎年金、遺族年金

実技

重要論点 BEST **3**

【 金財　個人資産相談業務 】

社会保険 …… 健康保険全般（傷病手当金、高額療養費など）、公的介護保険

公的年金 …… 老齢基礎年金の計算

私的年金 …… 確定拠出年金（個人型）

【 金財　保険顧客資産相談業務 】

出題なし

【 日本FP協会　資産設計提案業務 】

ライフプランニング …… キャッシュフロー表、個人バランスシート、係数表

社会保険 …… 健康保険全般（傷病手当金、高額療養費など）

私的年金 …… 確定拠出年金（個人型）

1 FPの基本

　生涯の人生設計は人によって異なります。「結婚をする／しない」「会社員になる／自営業を営む」など、人生の選択肢は多様です。そして、その選択において、お金の話を無視することはできません。FP（ファイナンシャル・プランナー）はお金の専門家として、お客さまのライフプランに関わるさまざまなアドバイスをすることが求められています。

マイホームを
購入したいけど
住宅ローンについて
よくわからない。

資産を運用
したいけど、
難しくてよく
わからない…。

老後が心配…。
年金だけで
大丈夫？

子どもの
教育資金が
足りなくなったら
どうしよう。

今契約している
保険は自分に
あってる？

相続が発生したら
遺族でもめることは
ないの？

FPに求められる職業倫理・関連法規

1 FPに求められる職業倫理

　FP はお客さまから相談を受けるにあたり、年収・資産状況・家族の事情など、多くの個人情報を取り扱います。そのため、主に次の職業倫理が求められます。

守秘義務	顧客からの同意なく、顧客の個人情報を第三者に漏らしてはならない
顧客利益の優先	FP自身の利益ではなく、顧客の利益を最優先しなければならない

　上記以外でも、お客さまに十分な説明をする義務などがあります。

2 FPと関連法規

　FP は業務において税金や社会保険など、さまざまな分野の知識が求められます。一方で、各分野には法に基づいた資格を持つ専門家がおり、その法の領域を侵して業務を行ってはなりません。

	各資格を有していない FPでもできる業務例	各資格を有していない FPができない業務例
税理士法	税制の一般的な説明や仮定の事例を用いた説明	納税額の計算や確定申告書類の作成・個別具体的な税務相談
弁護士法	法律に関する一般的な説明（遺産分割の概要など）	個別具体的な法律に関する業務（遺言書の作成等）
保険業法	保険制度に関する一般的な解説	保険商品の募集・勧誘・販売 保険募集をするうえでは、保険募集人として内閣総理大臣の登録が必要
金融商品取引法	投資判断の前提となる一般的な情報の説明	顧客の資産運用、投資判断の具体的な助言 投資顧問契約を締結し、投資助言・代理業を行うためには、内閣総理大臣の登録が必要
社会保険労務士	公的年金に関する一般的な説明や公的年金の受給見込み額の説明	顧客の公的年金の裁定請求書の作成、行政機関等に提出する社会関係書類の作成等

なお、<u>任意後見受任者</u>や<u>公正証書遺言の証人</u>となるにあたり、原則として
<small>にんいこうけんじゅにんしゃ</small>　<small>こうせいしょうしょいごん</small>

Q 参照 P312　Q 参照 P310

特定の資格は必要ありません。

ひとこと

● **FPが行ってはならない業務のキーワード**

　関連法規に関して、各分野の資格を保有していないFPが行えない業務のキーワードとして次のものがあります。

- 個別具体的な相談や提案（一般的な情報の提供や説明は、FPも可能）
- 有償だけではなく、無償であっても行ってはならない

確認問題

□□□**問1** ファイナンシャル・プランナーが顧客と投資顧問契約を締結し、当該契約に基づき金融商品取引法で定める投資助言・代理業を行うためには、内閣総理大臣の登録を受けなければならない。

□□□**問2** 弁護士の資格を有しないファイナンシャル・プランナーが、顧客に対して、法定後見制度と任意後見制度の違いについて一般的な説明を行う行為は、弁護士法に抵触しない。

□□□**問3** 生命保険募集人の登録を受けていないファイナンシャル・プランナーが、ライフプランの相談に来た顧客に対し、生命保険商品の一般的な商品性について説明することは、保険業法において禁止されている。

解答

問1 ○ 内閣総理大臣の登録を受けていないFPは、投資助言・代理業に関する具体的な投資判断について助言できません。

問2 ○ 弁護士資格を有しないFPが、民法の条文を基に一般的な説明を行う行為は弁護士法に抵触しません。

問3 ✕ 生命保険募集人の登録を受けていないFPが、保険商品の仕組みや商品内容の一般的な説明をすることは、保険業法において禁止されていません。

3 ライフプランニングの考え方

　人生においては、結婚、子どもの教育、住宅の取得等、さまざまなイベントが起こり得ます。これらの出来事に対して、その時期や金額がわかれば、資金計画が立てやすくなります。そのライフプランを把握・分析するために、**ライフイベント表・キャッシュフロー表・個人バランスシート**という手法を使います。

1 ライフイベント表

　ライフイベント表とは、家族の将来の予定や希望（イベント）を時の流れに沿って表すものです。

ライフイベント表の例

西暦	年齢				イベント
	夫	妻	長男	長女	
	一郎	花子	太郎	良子	
2024年	43	41	13	11	太郎中学入学
2025年	44	42	14	12	マイホーム購入
2026年	45	43	15	13	良子中学入学
2027年	46	44	16	14	太郎高校入学

2 キャッシュフロー表

　キャッシュフロー表とは、1年間の家計の収支と、その結果増減する資金（貯蓄）の残高を表にしたものです。

　キャッシュフロー表に記載する金額のうち、物価変動等が予想されるものについては、通常、それを加味した**将来価値**で計上します。

（単位：万円）

		変動率	2024	2025	2026
田中　一郎			43 歳	44 歳	45 歳
田中　花子			41 歳	42 歳	43 歳
田中　太郎			13 歳	14 歳	15 歳
田中　良子			11 歳	12 歳	13 歳
		変動率／物価上昇率など			
収入	夫収入	1%	590	①596	②602
	妻収入（可処分所得）	0%			80
収入合計			Ⓐ590	596	682
支出	基本生活費	1%	240	242	245
	住宅ローン	0%	150	150	150
	教育費	1%	75	71	94
	保険料	0%	45	45	45
	その他の生活費	1%	25	25	26
支出合計			Ⓑ535	533	560
年間収支			Ⓒ 55	63	122
貯蓄残高		1%	1,000	③1,073	④1,206

（1）収入欄

収入欄には年収ではなく、可処分所得を記入します。

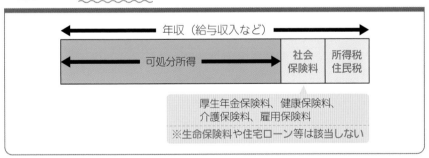

(2) X年後の収入額

X年後の収入額には、変動率も加味して計算します。

> 現在の金額×(1＋変動率)^X

① $590 \times (1 + 0.01) \fallingdotseq 596$ 万円

② $\underline{590 \times (1 + 0.01)^2} \fallingdotseq 602$ 万円
└ 1.01×1.01×590万円

例題

A さんの可処分所得はいくらか。
- 年収：800 万円　　・所得税・住民税：80 万円　　・社会保険料：150 万円
- 住宅ローン返済額（年額）：120 万円

年収 800 万円－（所得税・住民税 80 万円＋社会保険料 150 万円）＝<u>570 万円</u>
※住宅ローンの返済額は差し引きません。

(3) 年間収支

年間収支＝収入合計－支出合計＝Ⓐ 590 万円－Ⓑ 535 万円＝Ⓒ 55 万円
（2024 年）

(4) X年後の貯蓄残高

X年後の貯蓄残高は、前年の貯蓄残高に変動率を加味した後に年間収支を加算（減算）します。

> 前年の貯蓄残高×(1＋変動率)±年間収支

③ $1,000$ 万円 $\times (1 + 0.01) + 63$ 万円 $= 1,073$ 万円

④ $1,073$ 万円 $\times (1 + 0.01) + 122$ 万円 $\fallingdotseq 1,206$ 万円

> 電卓 100万円×(1.05)³ の電卓を使った計算（電卓により操作は異なります）
>
> **1.05☒＝＝** ☒**1,000,000＝** または、**1.05☒☒＝＝** ☒**1,000,000＝**
> **＝1,157,625**
>
> ※最初の☒を押す回数（1回または2回）は電卓の機種により異なる
> ※＝を連続して押す回数は、6乗の場合は5回（x乗の場合は「x−1」回）

3 個人バランスシート

　キャシュフロー表を作成することにより、将来の収支や残高の推移は把握できますが、不動産や株式などの資産、または住宅ローンなどの負債の現状は把握できません。そのため、**個人バランスシート**を作成することで、資産全体のバランスを把握することができます。

　個人バランスシートは**現状**を把握するため、**資産項目**について取得した時点の価格ではなく、時価（現在の価格）、生命保険は解約返戻金相当額で記
　　　　　　　　　　株式や投資信託の評価額は日々変動するため、
　　　　　　　　　　購入した時点で評価するのは適切ではない
入することが望ましいとされています。🔍**参照** バランスシート（貸借対照表）P156

【資産】		【負債】	
預貯金	650万円	住宅ローン	2,900万円
投資信託	150万円	負債合計	Ⓑ 2,900万円
不動産	2,500万円	【純資産残高】	1,400万円
生命保険	1,000万円	（Ⓐ資産合計－Ⓑ負債合計）	
	解約返戻金相当額		
資産合計	Ⓐ 4,300万円	負債・純資産合計	4,300万円

4 6つの係数の使い方

　「今の預金残高 100 万円（元本）を年利 1 ％（利息）で複利運用した場合、3 年後にいくら（元利合計額）になるか」を計算したい場合、計算は「1,000,000 円 ×（1 ＋ 0.01）^{3} ＝ 1,030,301 円」となります。

　このような複雑な計算は、**係数**を使うことで簡単に計算できます。係数には**6 種類**あります。どの場面で、どの係数を使うか理解することが大切です。

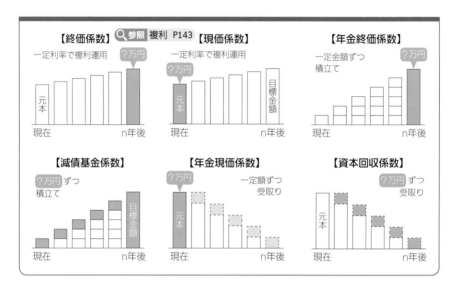

係数早見表の例（年利 1%）試験では提示されるので暗記不要

	終価係数	現価係数	年金終価係数	減債基金係数	年金現価係数	資本回収係数
1 年	1.010	0.990	1.000	1.000	0.990	1.010
2 年	1.020	0.980	2.010	0.498	1.970	0.508
3 年	1.030	0.971	3.030	0.330	2.941	0.340
4 年	1.041	0.961	4.060	0.246	3.902	0.256
5 年	1.051	0.951	5.101	0.196	4.853	0.206

① 終価係数

現在保有している金額を一定期間にわたり、一定の利率で複利運用した場合、将来いくらになるかを計算する場合に使用する係数です。

> **例題**
>
> 100万円を年1%で複利運用すると、5年後の金額はいくらになるか（P10「係数早見表の例」を使用）。

100万円×1.051＝<u>1,051,000円</u>

② 現価係数

一定期間後に一定金額を得るためには、現在いくらの元本があればよいかを計算する場合に使用する係数です。

> **例題**
>
> 年1%の複利運用で5年後に100万円を受け取るには、今いくらあればよいか（P10「係数早見表の例」を使用）。

100万円×0.951＝<u>951,000円</u>

③ 年金終価係数

毎年の積立額から、将来の金額を計算する場合に使用する係数です。

> **例題**
>
> 毎年100万円を、年利1%で積み立てていくと、5年後の元利合計はいくらになるか（P10「係数早見表の例」を使用）。

100万円×5.101＝<u>5,101,000円</u>

4 減債基金係数

将来の目標額に達するためには、毎年いくらの積立額があればよいかを計算する場合に使用する係数です。

例題

5年後に100万円を受け取るためには、年利1%で毎年いくら積み立てればよいか（P10「係数早見表の例」を使用）。

100万円×0.196＝196,000円

5 年金現価係数

毎年一定額を受け取るためには、現在いくらあればよいかを計算する場合に使用する係数です。

例題

5年間にわたって毎年100万円を受け取るためには、年利1%の運用で、今いくらの元本が必要か（P10「係数早見表の例」を使用）。

100万円×4.853＝4,853,000円

6 資本回収係数

現在の金額を取り崩して毎年受け取る年金額を求めたり、借入金から年間返済額を計算する場合に使用する係数です。

例題

100万円を5年で取り崩す場合、年利1%の運用で毎年いくら受け取れるか（P10「係数早見表の例」を使用）。

100万円×0.206＝206,000円

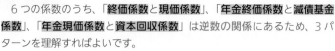

６つの係数のうち、「**終価係数**と**現価係数**」、「**年金終価係数**と**減債基金係数**」、「**年金現価係数**と**資本回収係数**」は逆数の関係にあるため、３パターンを理解すればよいです。

たとえば、前記の終価係数において「100 万円を年 1％で複利運用すると５年後の金額は 1,051,000 円」と算出できました。

この逆数である現価係数において「年 1％の複利運用で５年後に 1,051,000 円を受け取るには、現時点で 1,000,000 円（≒ 1,051,000 円×0.951）」必要だと算出できます。

たなけんポイント

どの係数表を使うべきかを忘れた場合でも解答に導ける方法があります。

まず、仮に利率が０％だったと想定して計算します。たとえば前記の年金終価係数の例題で「毎年 100 万円を年利０％で５年間積み立てた場合」、100 万円×５年＝500 万円です。

実際の利率は 1％なので、年金終価係数は５より少し大きい数を使うと予想できます。

確認問題

□□□**問1** Aさんの 2024 年分の可処分所得の金額は、下記の〈資料〉によれば、（　　）である。

〈資料〉2024 年分の A さんの収入等

> 給与収入：750 万円（給与所得：565 万円）
> 所得税・住民税：80 万円
> 社会保険料：100 万円
> 生命保険料：20 万円

　　　　　　　　1）385 万円　　　2）550 万円　　　3）570 万円

□□□**問2** 一定の利率で複利運用しながら一定期間、毎年一定金額を受け取るために必要な元本を試算する際、毎年受け取る一定金額に乗じる係数は、（　　）である。
1）減債基金係数　　　2）年金現価係数
3）資本回収係数

- -

解答

問1　3　可処分所得の金額＝年収（給与収入）−（所得税・住民税＋社会保険料）
　　　　　　　　　　　　　＝750 万円−（80 万円＋100 万円）
　　　　　　　　　　　　　＝570 万円

問2　2　一定期間、一定の利率で複利運用しながら、毎年一定金額を得るために必要な元金を求める場合は、年金現価係数を乗じます。

実技試験に ゙チャレンジ!

個人バランスシートの計算

〈資　料〉

荒木幸助さんは今後の生活設計について、FPに相談した。なお、下記のデータはいずれも2024年1月1日現在のものである。

〈保有資産（時価）〉 (単位：万円)

金融資産	
普通預金	400
財形年金貯蓄	300
上場株式	410
投資信託	400
生命保険（解約返戻金相当額）	200
不動産（自宅マンション）	2,200

〈負債残高〉

住宅ローン（自宅マンション）：2,000万円（債務者は幸助さん、団体信用生命保険付き）

問　FPは荒木家のバランスシートを作成した。下表の空欄（ア）にあてはまる金額として、正しいものはどれか。

〈荒木家のバランスシート〉 (単位：万円)

[資産]	×××	[負債]	×××
		[純資産]	（ア）
資産合計	×××	負債・純資産合計	×××

1) 1,910（万円）

2) 2,020（万円）

3) 2,400（万円）

解答・解説

答 1

資料より、荒木家のバランスシートは次のようになります。

（単位：万円）

［資産］		［負債］	
金融資産		住宅ローン（自宅マンション）	2,000
普通預金	400	負債合計	2,000
財形年金貯蓄	300		
上場株式	410	［純資産］	（ア　1,910）
投資信託	400	〈計算式：3,910万円－2,000万円	
生命保険（解約返戻金相当額）	200	＝1,910万円〉	
不動産（自宅マンション）	2,200		
資産合計	3,910	負債・純資産合計	3,910

4 教育資金プランニング

　子どもが高校または大学などを卒業するまでには、多額の費用がかかるため、しっかりとした準備が必要です。

　子どもの教育資金を準備する方法としては、次のような方法があります。

●預貯金で貯める　　　🔍**参照** P300

●贈与を受ける …… **教育資金の一括贈与**など

●保険に加入する …… 学資（こども）保険など民間保険に加入

●ローン（借入）や奨学金を受ける …… 国や銀行などの教育ローンや
　奨学金を借りる

　このうち、3級試験では**国の教育ローン**、**奨学金**が頻出です。

1 教育ローン

　教育ローンには、民間（銀行など）ローンと公的（国）ローンがありますが、試験で出題されるのは**公的（国）ローン**です。

● 教育一般貸付（国の教育ローン）

　国の教育ローンには、日本政策金融公庫が行う**教育一般貸付**があります。

申込要件	●原則として保護者が申込人となる ●子の数に応じて世帯年収制限がある
融資限度額	子1人につき**350万円**（海外留学、大学院、自宅外通学などの場合は450万円）
融資対象	高等学校・大学・大学院等の授業料など ―**中学校は含まない**
金利	固定金利

返済期間	最長 18 年
資金使途	授業料などの学校納付金のほか、家賃・通学費用・教材費など幅広く利用可能

└─ 学校納付金だけではない

2 奨学金

奨学金とは、家庭の事情で進学が難しい学生に向けて、学費の給付や貸与を行う制度です。代表的な奨学金制度として、日本学生支援機構が行う奨学金制度があります。

日本学生支援機構が行う奨学金には貸与型と給付型があります。

なお、奨学金制度と教育一般貸付は重複して利用することが可能です。

● 貸与型

貸与型には無利息の**第一種奨学金**と、有利息の**第二種奨学金**があります。

貸与できるか否かの基準は、第一種奨学金のほうが<u>厳しく</u>なっています。

無利子であるため、基準は厳しい

	第一種奨学金	第二種奨学金
返還利息の有無	無利息（元本は返済義務あり）	有利息（在学中は無利息で、卒業後に利息が発生）

 応用

給付型

給付型は、大学などへの進学を目指す学生に対して、授業料や入学金などが免除または減額される制度です。住民税非課税世帯などの基準を満たす学生が対象となります。

なお、2024 年度より、3 人以上の子がいる場合や理系大学に進学する子に対して、年収要件が緩和されています。

5 住宅取得プランニング

　住宅を購入するにあたっては、**貯める**と**借りる**という観点から住宅取得資金計画を立てる必要があります。

1 貯める

● 財形住宅貯蓄

　「貯める」の代表的な方法として、**財形住宅貯蓄**があります。財形住宅貯蓄は会社員が給与から天引きにより購入資金を積み立てていく貯蓄制度です。住宅取得のみではなく、要件を満たせば増改築でも払い出しができます。

対象者	申込時の年齢が満 55 歳未満の勤労者
積立期間	5 年以上
非課税対象額	財形年金貯蓄と合算で元本合計 550 万円までの利息が非課税

　なお、財形貯蓄を 1 年以上（貯蓄残高 50 万円以上）積み立てると、財形住宅融資が受けられます。

2 借りる

　住宅ローンには、銀行などの民間住宅ローン、財形住宅融資、フラット35 などがあります。これらは併用することができます。

● フラット 35

<u>フラット 35</u> は住宅金融支援機構と銀行などの民間金融機関が提携して行う住宅ローンです。

申込資格	● 申込時の年齢が原則 70 歳未満
	● 年収に占めるすべての借入れの年間合計返済額の割合（総返済負担率）が、次の基準を満たしていること
	  ● 年収 400 万円未満 …… 30%以下
	  ● 年収 400 万円以上 …… 35%以下

融資対象となる住宅	● 一戸建て住宅の床面積：70㎡以上 ● マンションなどの床面積：30㎡以上 ● 店舗併用住宅は、住宅部分の床面積が全体の 2 分の 1 以上
融資金額	● 100 万円以上 8,000 万円以下で、建設費または購入価額の 100%以内
融資期間	● 15 年以上 35 年以内（完済時の年齢上限は 80 歳）
融資金利	● 全期間固定金利（元利均等返済または元金均等返済） ● 融資実行時点（資金受取時点）の金利が適用 申込み時点ではない　　金利が上がる ● 融資割合（9 割以下・9 割超）などに応じて金利が異なる ● 借入期間が 20 年を超える場合、金利が高くなる ● 金利は金融機関によって異なる
融資手数料	● 金融機関によって異なる
保証料等	● 保証料、保証人は不要
繰上返済	● 手数料は不要。100 万円から可能（インターネットサービス「住・My Note」利用の場合は、10 万円から可能）

3 住宅ローンの金利の種類

銀行等の住宅ローンには、一般に**固定金利型・変動金利型・固定金利選択型**があります。

固定金利型	借入時から返済終了時まで**金利が変わらない**
	● 金利が低いときに組むと、その後市場の金利が上昇しても、返済負担が変わらないので有利
変動金利型	市場金利に応じて**金利が変動し、総返済額が変動する**
	● 借入後に金利が低下すると返済額が減るので有利
	● 金利の見直しは**年2回（半年ごと）**
	● 返済額の見直しは**5年ごと**
固定金利選択型	当初の一定期間に限り**固定金利**が適用され、固定期間終了後に固定金利か変動金利かを選択できる
	● 固定金利期間が長いほど、固定金利期間の金利が**高くなる**

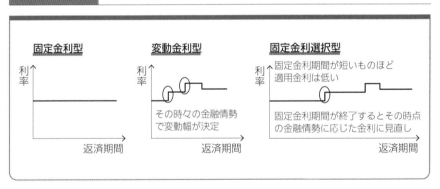

住宅ローンの返済方法には、**元利均等返済**と**元金均等返済**があります。

元利均等返済

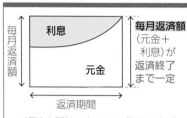

- 返済を開始したころは借入残高が大きいため支払う利息の割合が大きく、元金部分の減り方が遅い

元金均等返済

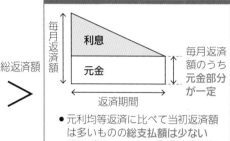

- 元利均等返済に比べて当初返済額は多いものの総支払額は少ない
- 返済が進むにつれて毎月の返済額が減っていく

元利均等返済と元金均等返済の比較

	当初返済額	総返済額
元利均等返済	少ない	多い
元金均等返済	多い	少ない

5 住宅ローンの繰上げ返済

　繰上げ返済とは、通常の返済のほかに、元金の一部や全部を返済する方法です。繰上げ返済を早期に行うほど、利息の総支払額を**軽減**する効果があります。繰上げ返済の手数料などは金融機関により異なります。

　繰上げ返済には、**期間短縮型**と**返済額軽減型**があります。

① 期間短縮型

　期間短縮型とは毎月の返済額は変えずに、**返済期間を短縮**する方法です。一般に返済額軽減型よりも利息軽減効果が大きいです。

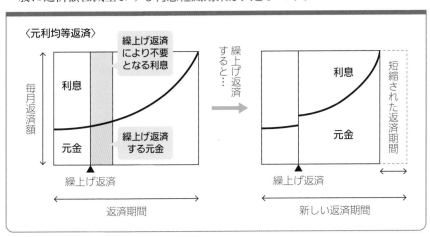

❷ 返済額軽減型

返済額軽減型とは返済期間は変えずに、毎月の返済額を少なくする方法です。

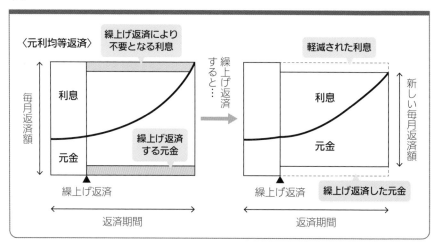

---

6 団体信用生命保険

　団体信用生命保険（団信）は、住宅ローンの返済中に債務者が死亡または高度障害状態になった場合、保険会社が住宅ローンの残債を金融機関に支払う保険です。結果として、残された遺族などは、住宅ローンの返済が**免除**されます。

□□□**問1** 住宅ローンの一部繰上げ返済では、毎月の返済額を変更せずに返済期間を短くする期間短縮型よりも、返済期間を変更せずに毎月の返済額を減額する返済額軽減型のほうが、他の条件が同一である場合、通常、総返済額は少なくなる。

□□□**問2** 住宅金融支援機構と民間金融機関が提携した住宅ローンであるフラット35（買取型）の融資金利は（ ① ）であり、（ ② ）時点の金利が適用される。
1)①変動金利　②借入申込
2)①固定金利　②借入申込
3)①固定金利　②融資実行

□□□**問3** 住宅ローンの返済方法のうち、元利均等返済は、毎月の返済額が一定で、返済期間の経過とともに毎月の元金部分の返済額が（ ① ）返済方法であり、総返済金額は、他の条件が同一である場合、通常、元金均等返済よりも（ ② ）。
1)①減少する　②多い
2)①増加する　②多い
3)①増加する　②少ない

解答

問1 ✕　期間短縮型のほうが、返済額軽減型よりも一部繰上げによる利息軽減効果が高いため、総返済額は少なくなります。

問2 3　フラット35の融資金利は固定金利で、融資実行時点の金利が適用されます。

問3 2　元利均等返済は毎月の返済額が一定であり、元金均等返済は、毎月の元金部分の返済が同一です。総返済額は、他の条件が同一であれば、元金均等返済のほうが少ないです。

6 カード（貸金業法）

1 クレジットカード

　クレジットカードの利用代金の支払い方法には、「1回払い」「2回払い」「ボーナス一括払い」「分割払い（3回以上）」「リボルビング払い」などがあります。

　クレジットカードを紛失した個人のカード会員は、原則としてカード会社が届出を受けた日の60日前以降のカードの利用代金の支払債務が免除されます。

2 貸金業法

　貸金業法とは、貸金業者から借りられるお金の総額の上限を規制する法律です。

　クレジットカードによるキャッシングサービス（無担保借入）は、貸金業法上、総量規制の対象となり、キャッシング利用限度額の合計は、原則として、その他の無担保借入残高（他社のものも含む）と合算して年収額の3分の1までとされています（総量規制）。

応用

金融ADR制度

　金融ADR制度は、金融機関と利用者とのトラブルを、訴訟によらずに解決する裁判外紛争解決制度です。内閣総理大臣が指定する指定紛争解決機関には、全国銀行協会、生命保険協会、日本損害保険協会、証券・金融商品あっせん相談センターなどがあります。

7 社会保険の全体像

　人生の中では、ケガや病気をしたり、失業することも考えられます。また老後に備えて生活資金の確保も大切です。これらに対応する公的保険が**社会保険**です。

　社会保険には、公的医療保険（健康保険・国民健康保険など）、公的介護保険、労働者災害補償保険（労災保険）、雇用保険、公的年金保険（国民年金・厚生年金保険）があります。

　就業形態などによって、保険料の支払い方法や給付内容が異なります。

	会社員等	個人事業主
医療保険	健康保険	国民健康保険
介護保険	雇用形態ではなく年齢で分類され、第1号被保険者、第2号被保険者がある	
労災保険	業務災害、通勤災害等	なし（特別加入あり）
雇用保険	一定の要件を満たすと加入	なし
年金	厚生年金保険および国民年金	国民年金

　次のページ以降で、これらについて詳しく説明します。

8 公的医療保険

1 公的医療保険の基本

　国内に住所のあるすべての人は、健康保険・国民健康保険・後期高齢者医療制度のいずれかに加入します。

健康保険	会社員およびその人に扶養されている家族など
国民健康保険	健康保険以外の自営業者とその家族など
後期高齢者医療制度	原則 75 歳以上の人

医療保険の全体像（例）

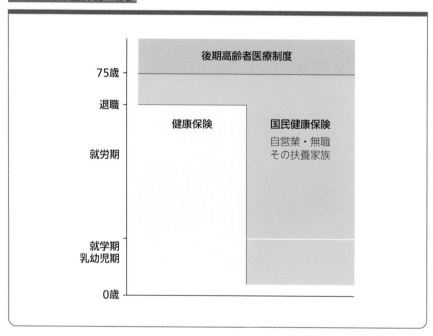

2 健康保険 Ⓐ

健康保険には、**全国健康保険協会**が保険者となる**全国健康保険協会管掌健康保険**（協会けんぽ）と**健康保険組合**が保険者となる**組合管掌健康保険**（組合けんぽ）があります。試験は主に協会けんぽから出題されています。

❶ 健康保険の被保険者

健康保険の被保険者とは、保険の対象となっている人をいいます。

❷ 健康保険の被扶養者と要件

健康保険では、次の要件を満たす家族を被扶養者として、保険料を負担せず保障を受けることができます。

- ●国内に住所があり、年収 130 万円（60 歳以上の人や障害者は 180 万円）未満
- ●被保険者の年収の 2 分の 1 未満（1 週間の労働時間および 1ヵ月の労働日数が一般社員の 4 分の 3 以上である場合等を除く）

ひとこと

●健康保険と税金の「扶養」は要件が違う

　健康保険の扶養は上記のとおり、年収 130 万円未満などが要件ですが、税金（所得税）の場合、扶養親族は年収では 103 万円以下（合計所得金額が 48 万円以下）であるため、扶養の基準が異なります。

❸ 保険料

協会けんぽの保険料は被保険者の標準報酬月額（月収）と標準賞与額（賞与）に保険料率を掛けて計算し、原則としてその金額を**会社と被保険者**で**半分ずつ負担（労使折半）** します。

┗━ 会社と労働者が半額ずつ支払う

ただし、産前産後休業中および育児休業期間中（子が3歳に達するまで）の保険料については、本人と会社ともに免除されます。

❹ 給付内容

健康保険の主な給付には、次のものがあります。

①療養の給付、②高額療養費、③傷病手当金、④出産育児一時金、⑤出産手当金、⑥埋葬料

（1）療養の給付

療養の給付は、日常生活（業務外）で病気やケガをしたときに、一部負担金を支払うことによって治療を受けることができます。

被保険者本人のほか、被扶養者も同様の給付を受けることができます。

一部負担割合

年齢	所得層	自己負担割合
0歳から小学校入学前まで	―	2割
小学校入学後から70歳未満	―	3割
70歳以上75歳未満	現役並み所得者	3割
	一般所得者	2割

（2）高額療養費

⑴の療養の給付によって、自己負担割合は3割（2割）になりますが、それでも手術などをすれば医療費が多額になります。その負担を軽減する制度として**高額療養費**があります。

同一の医療機関で支払った**1ヵ月当たりの負担**が**自己負担限度額**を超えた場合、超過額の返金を受けることができます。

70歳未満の場合、医療機関ごとに、入院・外来、医科・歯科別に一部負担金が21,000円以上のものが計算対象となります。

70歳未満の人／1ヵ月当たりの自己負担限度額

試験では提示されるので、金額を覚える必要なし

所得区分	医療費の自己負担限度額
① 標準報酬月額 給与のほか残業手当、家族手当などを含んだ金額 83万円以上	252,600円＋（総医療費－842,000円）×1%
② 標準報酬月額 53万～79万円	167,400円＋（総医療費－558,000円）×1%
③ 標準報酬月額 28万～50万円	80,100円＋（総医療費－267,000円）×1%
④ 標準報酬月額 26万円以下	57,600円
⑤ 低所得者（被保険者が住民税の非課税者など）	35,400円

例題

Aさん42歳（標準報酬月額47万円）が入院し、1ヵ月の医療費が100万円であった場合、高額療養費で払戻しを受けられる金額はいくらか。

①病院に支払う金額 …… 1,000,000円×30%（3割負担）＝300,000円
②自己負担限度額 …… 80,100円＋（1,000,000円－267,000円）×1%＝**87,430円**
③高額療養費として返金される金額 …… ①－②＝**212,570円**

1,000,000円の医療費がかかっても、自己負担はわずか9万円弱

(3) 傷病手当金

傷病手当金は、被保険者が病気やケガで仕事を休み、事業主から十分な報酬が得られない場合に、休業中の生活を保障するものです。

支給開始	連続して3日以上休業した場合に4日目から支給
支給期間	最初の支給開始日から通算して最長1年6ヵ月
支給額	直前12ヵ月間の標準報酬日額の3分の2

└ 各月の標準報酬月額を平均した額を30で除した額

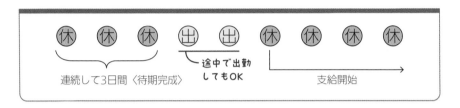

連続して3日間〈待期完成〉　途中で出勤してもOK　支給開始

(4) 出産育児一時金 (家族出産育児一時金)

被保険者または被扶養者が出産（妊娠4ヵ月以上）したときは、1児ごとに50万円（産科医療補償制度に加入している場合）が支給されます。

(5) 出産手当金

出産手当金は、出産のために仕事を休み、事業主から十分な報酬が得られなかった場合に支給されます。

支給期間	原則、出産（予定）の日以前42日から出産の日後56日まで
支給日額	休業1日につき、標準報酬日額の3分の2

(6) 埋葬料 (家族埋葬料)

被保険者または被扶養者が死亡した場合には、5万円が支給されます。

⑤ 任意継続被保険者

任意継続被保険者とは、健康保険の被保険者が退職した後も、希望によって被保険者として継続加入することができる制度です。任意継続により、これまでどおり被扶養者に健康保険が適用できます。

加入要件	被保険者でなくなった日までに、継続して**2ヵ月以上**の被保険者期間があること
申請期限	被保険者でなくなった日の翌日から**20日以内**に申請すること
保険料	<u>全額自己負担</u>／在職中の保険料（労使折半）より、負担が重くなる
加入期間	最長**2年間**

ひとこと

キーワードは「2」

任意継続被保険者の要件を覚えるうえでは「2ヵ月以上」「20日以内」「2年間」の「2」がキーワードです。

65歳の退職者の例

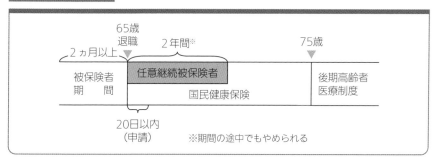

3 国民健康保険

国民健康保険は、原則として健康保険の被保険者およびその被扶養者**以外**の人が加入します。具体的には**自営業者**や**定年退職者**などが加入します。

保険者	市町村（または都道府県）と、国民健康保険組合の 2 種類
被保険者	加入者全員が被保険者となる（健康保険のような被扶養者という制度はない） 健康保険では保険料の支払いがない 国民健康保険は配偶者や子も支払負担あり
給付	• 業務上・業務外のいずれの病気、ケガも対象 • 給付内容や医療費の負担割合は、健康保険とほぼ同じ（傷病手当金や出産手当金は支給されない）

どうして？

●**任意継続被保険者と国民健康保険　どっちがお得？**

　任意継続被保険者には国民健康保険にない次のようなメリットがあります。

• 社会保険の福利厚生（旅先の割引や介護サービスなど）を継続して利用できる
• 家族の扶養を外さなくていい
• 収入によっては国民健康保険より保険料を安く抑えられる場合がある

　保険料と給付を総合的に勘案して、お得なほうをアドバイスすると良いでしょう。

4　後期高齢者医療制度

　75 歳になると、それまで加入していた健康保険や国民健康保険から脱退し、全員が後期高齢者医療制度の被保険者となります。

保険者	都道府県を単位とする後期高齢者医療広域連合
被保険者	75 歳以上（一定の障害認定者は 65 歳以上）
保険料	原則として年金から天引き
自己負担割合	所得に応じて 1 割から 3 割

確認問題

□□□**問1**　全国健康保険協会管掌健康保険の被保険者が、業務外の事由による負傷または疾病の療養のため、労務に服することができずに休業し、報酬を受けられなかった場合は、その労務に服することができなくなった日から傷病手当金が支給される。

□□□**問2**　全国健康保険協会管掌健康保険の被保険者に支給される傷病手当金の額は、原則として、1日につき、傷病手当金の支給を始める日の属する月以前の直近の継続した（ ① ）の各月の標準報酬月額の平均額を30で除した額に、（ ② ）を乗じた額である。
1）①6ヵ月間　②3分の2
2）①12ヵ月間　②3分の2
3）①12ヵ月間　②4分の3

□□□**問3**　後期高齢者医療制度の被保険者は、後期高齢者医療広域連合の区域内に住所を有する（ ① ）以上の者、または（ ② ）の者であって一定の障害の状態にある旨の認定を受けたものである。
1）①65歳　②40歳以上65歳未満
2）①70歳　②60歳以上70歳未満
3）①75歳　②65歳以上75歳未満

- - - - - - - - - -

解答

問1　✕　業務外の事由による負傷または疾病の療養のため労務に服することができず、連続して3日間休業して報酬を受けられなかった場合、4日目以降の休業した日について傷病手当金が支給されます。

問2　**2**　傷病手当金の1日当たりの支給額は次のとおりです。

> 1日あたりの支給金額
> ＝支給開始日以前の継続した12ヵ月間の各月の標準報酬月額を平均した額÷30×2/3

問3　**3**　後期高齢者医療制度の被保険者は75歳以上が対象ですが、一定の障害の状態にある場合は65歳から75歳未満です。

9　公的介護保険

1　公的介護保険　

　介護保険制度は、老化などが原因で介護が必要になった場合に、介護を必要とする程度に応じたサービスが受けられる制度です。

　被保険者の年齢により、**第1号被保険者**と**第2号被保険者**に分類されます。第2号被保険者から第1号被保険者への資格変更手続は不要です。

　40歳から生涯にわたって加入（保険料負担も生涯）します。

	第1号被保険者	第2号被保険者
保険者	市町村（または特別区）	
対象者	65歳以上	40歳以上65歳未満
サービスを利用できる人※	要支援者（1〜2の2段階） 要介護者（1〜5の5段階）	要介護者・要支援者のうち、加齢に伴う特定疾病による者 └ 事故による要介護・要支援は対象外
保険料	原則として、年金から天引き（特別徴収）	健康保険（国民健康保険）の保険料と合わせて徴収
サービスの自己負担	所得に応じて1割から3割	1割

└ 上限額を超えると高額介護サービス費が支給される

※サービスを利用できる人の区分 ← 要支援者のほうが要介護者より症状が軽い

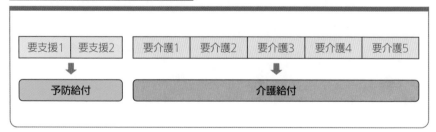

10 労働者災害補償保険

労働者災害補償保険（労災保険） とは、労働者が**業務上**あるいは通勤途上でケガをしたときなどに、その労働者や遺族に給付がされる制度です。

1 労災保険の内容

労災保険の主な内容は次のとおりです。

加入対象者	すべての労働者（パートやアルバイトも要件なく加入）
保険料	全額が事業主負担 └ 労働者の自己負担はない
主な給付	**療養（補償）給付** …… ケガや病気について、労災病院などで療養給付を受けた場合に給付される。**自己負担はない**
	休業（補償）給付 …… 休業して賃金が支払われない場合、休業4日目から給付基礎日額の60％相当額が支給
	障害（補償）給付 …… ケガや病気が治った後に、一定の障害が残った場合に支給　└「完治した」という意味ではなく、傷病の症状が安定して医療効果が期待できないこと

たなけんポイント

● **労災保険と健康保険の違い**

　労災保険が業務上の事由に関する保険給付を行うのに対して、**健康保険**は業務外の事由および被扶養者に係る保険給付を行うことを目的としています。

　なお、自営業者には労災保険が適用されないため、業務内外の事由を問わず**国民健康保険**が適用されます。

2 業務災害と通勤災害

　業務中のケガや病気、死亡は**業務災害**となります。通勤途中におけるケガや病気、死亡は**通勤災害**となります。

11 雇用保険

1 雇用保険の基本

雇用保険は、労働者が失業した場合などに給付を受けられます。

加入対象者	・すべての労働者 ╱ 役員などは対象外 ・パート社員などの場合、**1週間**の所定労働時間が 20 時間以上、かつ、同一の事業主に継続して 31 日以上雇用される見込みである人
保険料	事業主と労働者で負担（負担割合は業種などによって異なる） ╲ 労使折半ではない

雇用保険給付の全体像

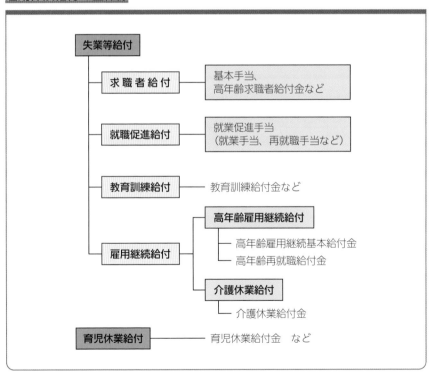

2 基本手当（求職者給付）

求職者給付では、**基本手当**（失業保険）が最も重要です。

基本手当は、働く意思や能力があるものの、失業の状態にある人に支給されます。

❶ 受給要件

離職の日以前 **2 年間**に被保険者期間が通算して **12ヵ月以上**（倒産、解雇などの場合は離職の日以前 1 年間に 6ヵ月以上）あることが要件です。

❷ 待期期間と給付制限

基本手当は求職の申込を行った日から **7 日間**の給付制限があります。**自己都合退職**の場合、7 日間の待期期間に加えて、**2ヵ月**（5 年間のうち 3 回目以降は 3ヵ月）の給付制限があります。

❸ 所定給付日数

所定給付日数とは、基本手当の支給を受けられる日数で、年齢や勤続期間（算定基礎期間）などによって異なります。

自己都合退職、定年退職（一般受給資格者）

離職時の年齢 ＼ 算定基礎期間	1 年以上 10 年未満	10 年以上 20 年未満	20 年以上
全年齢共通	90 日	120 日	150 日

倒産・解雇等（特定受給資格者）

離職時の年齢 ＼ 算定基礎期間	1 年未満	1 年以上 5 年未満	5 年以上 10 年未満	10 年以上 20 年未満	20 年以上
年齢により異なる	90 日	90〜180 日	120〜240 日	180〜270 日	240〜330 日

3 教育訓練給付

教育訓練給付は、厚生労働大臣が指定する講座を受講した場合に、その費用の一部が支給されるものです。

一般教育訓練給付金 ⟶ TACのFP講座も対象

支給対象者	3 年（初回は 1 年）以上の被保険者期間がある者
支給額	教育訓練経費の 20%
支給額の上限	10 万円

就職促進給付

　就職促進給付は、失業中の労働者に対して安定した職業に就くことを支援するための給付で、早期に再就職した場合の再就職手当や、正社員以外の雇用形態（パートなど）で働く場合の就業手当などがあります。

雇用継続給付は、高年齢で働く人や親などの介護をする人に対して給付を行い、雇用の継続を促す制度です。

1 高年齢雇用継続給付

高年齢雇用継続給付とは、会社を定年退職し、60歳以降も再雇用などで働く人が、60歳以降の賃金の低下を補う制度です。

受給要件

- 雇用保険の被保険者であった期間が通算で5年以上あること
- 60歳以上65歳未満の雇用保険の被保険者であること
- 賃金額が60歳到達時の賃金額の75%未満であること

応用

高年齢雇用継続給付には、次の2種類があります。

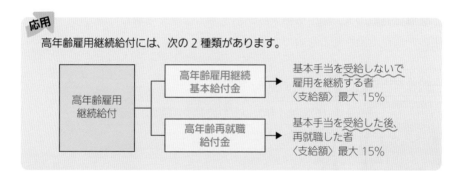

2 介護休業給付

家族を介護するために休業した場合、93日を限度に3回まで休業開始時賃金日額の67%相当額が支給されます。

どうして？

●**介護休業給付は短い？**

　介護はいつ終わるかわからないのに、最大 93 日は短いと思うのではないでしょうか。介護休業給付は、介護に関する長期的な方針を決めるまでの緊急対応措置として設けられたもので、介護中いつまでも休業できるように創設された制度ではないのです。

5 育児休業給付

　育児休業給付は、育児休業により収入が減少する被保険者に対して支給されるものです。

① 出生時育児休業制度（産後パパ育休）

　子の出生日後 8 週間以内に合計 4 週間までの休業の取得に対して、休業開始前賃金日額の 67%相当額等が支給されます。

② 育児休業給付金

　子が 1 歳（**パパママ育休プラス**を利用すると 1 歳 2 ヵ月）に達するまで（保育所に入所できないなどの場合は 1 歳 6 ヵ月または 2 歳まで）の取得に対して、休業開始前賃金日額の 67%相当額等（休業開始後 181 日以降は50%）が支給されます。

<u>育児休業制度の取得（例）</u>

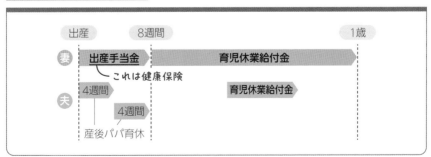

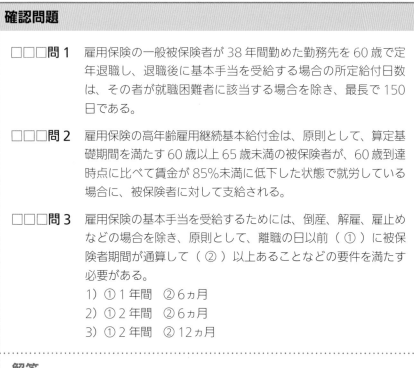

確認問題

□□□**問 1** 雇用保険の一般被保険者が 38 年間勤めた勤務先を 60 歳で定年退職し、退職後に基本手当を受給する場合の所定給付日数は、その者が就職困難者に該当する場合を除き、最長で 150 日である。

□□□**問 2** 雇用保険の高年齢雇用継続基本給付金は、原則として、算定基礎期間を満たす 60 歳以上 65 歳未満の被保険者が、60 歳到達時点に比べて賃金が 85%未満に低下した状態で就労している場合に、被保険者に対して支給される。

□□□**問 3** 雇用保険の基本手当を受給するためには、倒産、解雇、雇止めなどの場合を除き、原則として、離職の日以前（①）に被保険者期間が通算して（②）以上あることなどの要件を満たす必要がある。
1）①1 年間　②6ヵ月
2）①2 年間　②6ヵ月
3）①2 年間　②12ヵ月

解答

問 1 〇　一般被保険者が 20 年以上勤めた勤務先を定年退職した場合、一定の場合を除き、基本手当の所定給付日数は最長で 150 日です。

問 2 ✕　60 歳到達時点に比べて賃金が 75%未満に低下した状態で就労している場合に、被保険者に対して支給されます。

問 3 3　雇用保険の基本手当を受給するためには、一定の場合を除き、原則として、離職の日以前 **2 年間** に被保険者期間が通算して **12ヵ月以上** あることなどの要件が必要です。

12 公的年金制度

人生には、自分や家族の加齢・障害・死亡などで、自立した生活が困難になるリスクがあります。こうした生活上のリスクに対して必要な給付を受けることができるのが公的年金制度です。

公的年金制度等の全体像

1 国民年金

わが国では、自営業者や無職者を含め、原則として **20 歳以上 60 歳未満**のすべての人が国民年金の対象（**国民皆保険**）となっています。

① 被保険者（強制加入）

国民年金の被保険者（加入者）は、次の3つの種別に区分されます。

被保険者の種別	該当する者
第1号被保険者	日本国内に住所を有する20歳以上60歳未満の人で、第2号・第3号以外の人（自営業者・大学生など）━国籍要件なし
第2号被保険者	厚生年金保険の加入者（会社員、公務員など）
第3号被保険者	厚生年金保険の加入者である第2号被保険者に扶養（年収が130万円未満）されている配偶者（被扶養配偶者）で、20歳以上60歳未満の人

【任意加入被保険者】

国民年金保険料の納付期間が、国民年金が満額になる480月に満たない場合、60歳から65歳まで任意に加入することで年金額を増やすことができます。

また、受給資格期間を満たしていない人は、70歳になるまで任意加入ができます。

Q 参照 P051

② 保険料

国民年金の保険料は第1号被保険者のみが直接支払います。

第1号被保険者	被保険者本人に納付義務がある（本人に収入がない場合は世帯主が連帯して負担する） • 2024年度の保険料は月額16,980円 • 前納（最大2年）による割引や口座振替による早収割引がある
第2号被保険者	国民年金の保険料は、加入している厚生年金保険から拠出されるため、納付は不要
第3号被保険者	第2号被保険者の加入している年金制度から拠出されるため、納付は不要

ひとこと

　会社員（第2号被保険者）が退職した際に、60歳未満の配偶者（第3号被保険者）がいる場合は、第1号への変更手続き（種別変更）を忘れないようにする必要があります。

❸ 保険料の免除と猶予

　第1号被保険者が国民年金保険料を支払うことが難しくなった場合、保険料の免除や猶予制度があります。

　免除は、その割合に応じて年金額が計算されますが、猶予はその期間について追納しなければ、年金額に反映されません。

	要件	免除額または猶予
法定免除	障害基礎年金等の受給者等	全額免除
申請免除	本人や配偶者等の所得が一定額以下の場合に申請することで免除を受ける	所得水準により、全額免除、4分の3免除、半額免除、4分の1免除がある
学生納付特例	親の所得ではない 20歳以上の学生で本人の前年所得が一定以下の場合に猶予される	追納しない場合、受給資格期間には反映されるものの、年金額には反映されない
保険料納付猶予制度	20歳以上50歳未満で本人や配偶者の所得が一定以下の場合に猶予される	
産前産後免除制度	出産予定日または出産日の月の前月から4ヵ月間の国民年金保険料が免除される	保険料を納付したものとして、納付済期間に算入される

どうして？

●「受給資格期間には反映されるものの、年金額には反映されない」とは（上記表中）

　国民年金は65歳になると老齢基礎年金として受給できますが、老齢基礎年金を受給するためには10年以上の加入期間が必要となります。学生納付特例などで追納しなかった場合、10年以上という加入期間には含められるものの、年金額には反映されません（ここが申請免除とは異なる）。

④ 保険料の追納

国民年金保険料が免除または猶予された期間分の保険料は、10年以内に限り**追納**が認められています。

2 厚生年金保険

厚生年金保険は、厚生年金の適用事業所で働いている**会社員**などが加入します。

加入者（被保険者）	厚生年金の適用事業所で働く70歳未満の人
保険料率	（標準報酬月額・標準賞与額）×18.3%を事業主と被保険者で折半

● 産前産後休業・育児休業中の保険料免除

産前産後休業中および満3歳未満の子を養育するための育児休業等期間について、厚生年金保険料および健康保険料は、事業主・被保険者ともに**免除**され、保険料は**納めた期間**として計算されます。

確認問題

□□□**問 1** 国民年金の第 1 号被保険者は、日本国内に住所を有する 20 歳以上 60 歳未満の自営業者や学生などのうち、日本国籍を有する者のみが該当する。

□□□**問 2** 国民年金の保険料免除期間に係る保険料のうち、追納することができる保険料は、追納に係る厚生労働大臣の承認を受けた日の属する月前 5 年以内の期間に係るものに限られる。

解答

問 1 ✕ 国民年金の第 1 号被保険者は、日本国内に住所を有する 20 歳以上 60 歳未満の自営業者や学生などであって、**国籍要件はありません**。

問 2 ✕ 追納することができる保険料は、追納に係る厚生労働大臣の承認を受けた日の属する月前 **10 年以内**の期間に係るものに限られます。

13 公的年金の給付

1 公的年金の請求手続き

　年金は、受給権が発生したら自動的に受給できるものではなく、受給者が自ら国に対して受給権の確認（裁定）と年金の給付請求を行う必要があります。これを裁定請求といいます。

2 年金の支給期間

　年金の支給期間は、受給権が発生した月の翌月から受給権が消滅した月までです。

　年金の支給時期は、原則として偶数月の 15 日に前月までの 2ヵ月分が支払われます。

　例）10 月 15 日に 8、9 月分を支給

14 老齢給付（老齢基礎年金）

1 受給資格期間

老齢基礎年金は、国民年金保険料納付済期間と免除期間などを合わせて10年以上ある人が、原則として65歳に達したときに受給できます。

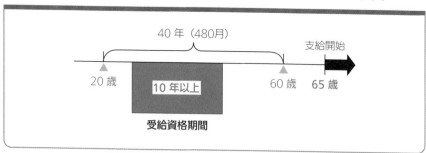

2 老齢基礎年金の年金額

老齢基礎年金の満額の年金額（480月加入した場合）は 816,000 円（1956 年 4 月 2 日以降生まれ）です。

20歳から60歳未満まですべて納付すれば480月（40年×12ヵ月）

3 老齢基礎年金の計算式

$$816,000円 \times \frac{保険料納付済月数＋保険料免除月数\times免除の種類に応じた割合※}{加入可能年数（原則 40 年）\times 12 月}$$
（2024年度）

※「全額免除」「$\frac{3}{4}$免除」「半額免除」「$\frac{1}{4}$免除」

免除の種類に応じた年金額の反映割合

　老齢基礎年金の免除期間は、国が一部を負担してくれます（**国庫負担**）。この国庫負担割合は、従来3分の1でしたが、2009年度に3分の1から2分の1へ引き上げられました。

		全額免除	$\frac{3}{4}$免除	半額免除	$\frac{1}{4}$免除
2009年3月までの期間 国庫負担3分の1	受給額	$\frac{1}{3}$	$\frac{1}{2}$	$\frac{2}{3}$	$\frac{5}{6}$
2009年4月以降の期間 国庫負担2分の1		$\frac{1}{2}$	$\frac{5}{8}$	$\frac{3}{4}$	$\frac{7}{8}$

　年金額の反映割合は覚えるのではなく、考え方を理解することが大切です。たとえば2009年4月以降に$\frac{1}{4}$免除の期間があれば、$\frac{1}{2}$（国庫負担）×$\frac{1}{4}$（免除）＝$\frac{1}{8}$となり、それを1（通常の納付）から差し引けば$\frac{7}{8}$となります。

【会社員の注意点】

　会社員が加入する厚生年金保険は、働きはじめてから最大70歳まで加入できますが、国民年金の加入期間はあくまで20歳から60歳未満の**480ヵ月**が上限です。

4 繰上げ受給と繰下げ受給

　老齢基礎年金の受給開始は、原則として65歳です。年金は自動的に支払われるものではなく、受給者が自ら請求を行う必要があります（裁定請求）。

　しかし、受給者の希望により受給開始を早めたり（繰上げ受給）、遅くする（繰下げ受給）ことができます。

　繰上げ受給や繰下げ受給は、一度選択すると取消しや変更はできません。

	繰上げ受給	繰下げ受給
受給開始年齢	60歳から65歳になるまで	66歳から75歳まで
支給率	「0.4%×繰り上げた月数」の減額率で減額される 最大5年×12ヵ月×0.4%＝24%	「0.7%×繰り下げた月数」の増額率で増額される 最大10年×12ヵ月×0.7%＝84%

> **例題**
>
> 老齢基礎年金を36月繰り上げて、62歳から受給した場合の減額率は何%か。

- -

本来の年金額の <u>14.4%</u>（36月×0.4%）が減額され、85.6%を一生涯受給する。

5 付加年金

① 付加保険料

付加保険料とは、第1号被保険者が、国民年金保険料に上乗せして月額400円を納付し、将来受給できる年金を増やす制度です。

② 付加年金額

付加保険料（月額400円）を納付すると、納付月数に応じて年金額が増加します。

> 付加年金の額（年額）＝200円×付加保険料を納めた月数

ただし、国民年金基金の加入員は、付加年金を利用することができません。

なお、老齢基礎年金の繰上げ受給や繰下げ受給をした場合、付加年金は老齢基礎年金と同様の増減率によって減額または増額されます。

ひとこと

付加年金は、2年以上受け取ると、納めた付加保険料以上の年金を受け取れることになるため、長く受給できるほどお得になります。

〈付加保険料を a ヵ月納付した場合〉

付加保険料　400円（月額）× a ヵ月

付加年金　　年額（200円× a ヵ月）× 2年＝400× a（円）

確認問題

□□□問1　65歳到達時に老齢基礎年金の受給資格期間を満たしている者が、67歳6ヵ月で老齢基礎年金の繰下げ支給の申出をし、30ヵ月支給を繰り下げた場合、老齢基礎年金の増額率は、（　　）となる。
1）12%　　2）15%　　3）21%

解答

問1　3　老齢基礎年金は原則65歳から支給されますが、希望により66歳から75歳までに繰下げ1ヵ月当たり0.7%の増額が可能です。30ヵ月支給を繰り下げた場合、老齢基礎年金の増額率は、21%（0.7%×繰下げた月数30ヵ月）となります。

実技試験にチャレンジ！

年金額の計算

金財 個人資産相談業務（改題）

――――――〈資 料〉――――――

〈Aさんに関する資料〉

(1) 生年月日 　　　　　　：1977年6月20日

(2) 公的年金の加入歴：下図のとおり（60歳までの見込みを含む）。

20歳	22歳	46歳	60歳
国民年金 保険料未納期間 （34月）	厚 生 年 金 保 険 被保険者期間 （248月）	国 民 年 金 保 険 保険料納付済期間 （198月）	

問 Aさんは、老齢基礎年金の受給を65歳から開始した場合の年金額を試算した。

Aさんが試算した老齢基礎年金の年金額の計算式として、次のうち最も適切なものはどれか。なお、老齢基礎年金の年金額は、2024年度価額に基づいて計算するものとする。

1) $816{,}000 \text{円} \times \dfrac{198 \text{月}}{480 \text{月}}$

2) $816{,}000 \text{円} \times \dfrac{446 \text{月}}{480 \text{月}}$

3) $816{,}000 \text{円} \times \dfrac{446 \text{月} + 34 \text{月} \times \dfrac{1}{2}}{480 \text{月}}$

答 2

　国民年金の被保険者期間である 20 歳から 60 歳までの 40 年間のうち、20 歳から 22 歳までの間の国民年金保険料未納期間（34 月）は、保険料納付済期間には含めません。

　保険料納付済期間　248 月 + 198 月 = 446 月

　老齢基礎年金の年金額 = 816,000 円 × $\dfrac{446\ 月}{480\ 月}$

　また、厚生年金保険料から国民年金保険料が拠出されるため、厚生年金保険の被保険者期間は、国民年金保険料の納付済期間となります。

15 老齢給付（老齢厚生年金）

　会社員などの第2号被保険者は、厚生年金保険料を支払い、給与や加入期間などに応じて**老齢厚生年金**として受給できます。

老齢年金のイメージ

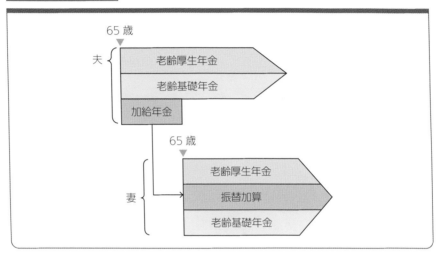

1 受給要件 Ⓑ

	特別支給の老齢厚生年金	65歳以上の老齢厚生年金
受給開始年齢	60歳から65歳に達するまで	65歳以上
受給要件	老齢基礎年金の受給資格期間（10年以上）を満たしていること	
	厚生年金保険の被保険者期間が1年以上あること	厚生年金保険の被保険者期間が1ヵ月以上あること

2 老齢厚生年金の支給開始年齢

特別支給の老齢厚生年金「支給開始年齢の引き上げ」

生年月日
（カッコ内は女性）

報酬比例部分	老齢厚生年金
定額部分	老齢基礎年金

▲ 60　　　▲ 65

1941.4.1以前
（1946.4.1以前）

定額部分の支給開始年齢引き上げ開始

報酬比例部分	老齢厚生年金
定額部分	老齢基礎年金

▲ 61　　　▲ 65

1941.4.2〜1943.4.1
（1946.4.2〜1948.4.1）

報酬比例部分	老齢厚生年金
定額部分	老齢基礎年金

▲ 62　　　▲ 65

1943.4.2〜1945.4.1
（1948.4.2〜1950.4.1）

報酬比例部分	老齢厚生年金
定額部分	老齢基礎年金

▲ 63　　　▲ 65

1945.4.2〜1947.4.1
（1950.4.2〜1952.4.1）

報酬比例部分	老齢厚生年金
定額部分	老齢基礎年金

▲ 64　　　▲ 65

1947.4.2〜1949.4.1
（1952.4.2〜1954.4.1）

報酬比例部分	老齢厚生年金
	老齢基礎年金

▲ 65

1949.4.2〜1953.4.1
（1954.4.2〜1958.4.1）

報酬比例部分の支給開始年齢引き上げ開始

報酬比例部分	老齢厚生年金
	老齢基礎年金

▲ 61　　　▲ 65

1953.4.2〜1955.4.1
（1958.4.2〜1960.4.1）

報酬比例部分	老齢厚生年金
	老齢基礎年金

▲ 62　　　▲ 65

1955.4.2〜1957.4.1
（1960.4.2〜1962.4.1）

報酬比例部分	老齢厚生年金
	老齢基礎年金

▲ 63　　　▲ 65

1957.4.2〜1959.4.1
（1962.4.2〜1964.4.1）

報酬比例部分	老齢厚生年金
	老齢基礎年金

▲ 64　　　▲ 65

1959.4.2〜1961.4.1
（1964.4.2〜1966.4.1）

最終的な形

老齢厚生年金
老齢基礎年金

▲ 65

**1961.4.2以後
（1966.4.2以後）**

老齢厚生年金の支給開始は、原則として 65 歳です。

しかし、生年月日に応じて 65 歳より前から受給を開始できる**特別支給の老齢厚生年金**（報酬比例部分）があります。

報酬比例部分は生年月日に応じて段階的に支給開始年齢が引き上げられ、1961 年 4 月 2 日（男性の場合）以後生まれの人は 65 歳以上でなければ年金は受給できなくなります。

なお、女性の場合、支給開始年齢の引上げは男性より 5 年遅く、1966 年 4 月 2 日以後生まれから 65 歳支給開始となります。

3 特別支給の老齢厚生年金（報酬比例部分）の計算式

特別支給の老齢厚生年金（報酬比例部分）は、被保険者月数（会社員等の勤続年数）や給与によって異なります。2003 年 3 月までと、2003 年 4 月以降の期間分の計算式は異なります。

老齢基礎年金は満額（816,000 円）が一律
老齢厚生年金は被保険者によって年金額が違う

報酬比例部分＝①＋② 計算式は提示されるので暗記不要

①2003 年 3 月までの期間分＝平均標準報酬月額×$\dfrac{7.125}{1,000}$×被保険者期間の月数

②2003 年 4 月以降の期間分＝平均標準報酬額×$\dfrac{5.481}{1,000}$×被保険者期間の月数

どうして？

● **標準報酬月額と標準報酬額の違い**

2003 年 3 月までは毎月の給料からのみ保険料が徴収されていたので、①の平均標準報酬月額が使われていましたが、2003 年 4 月からは賞与からも徴収されることになったため、②の平均標準報酬額になりました。

4 65歳からの老齢厚生年金

原則として65歳になると**老齢基礎年金**と**老齢厚生年金**が支給されます。

❶ 老齢厚生年金

65歳になると、それまでの特別支給の老齢厚生年金（報酬比例部分）は、**老齢厚生年金**に切り替わります。**年金額は報酬比例部分と同じ**です。

❷ 加給年金

厚生年金保険には、いわゆる家族手当ともいえる**加給年金**があります。加給年金は、次の要件を満たす65歳以上の年金受給者本人に支給されます。

- **厚生年金保険**の加入期間が **20年以上あること**
- **65歳未満の配偶者**や一定の要件を満たす子を扶養していること

> **応用**
>
> 加給年金は、配偶者が65歳になり、配偶者自身に老齢基礎年金が支給されると、加給年金に代わり、**振替加算**が支給されます。振替加算は、配偶者の生年月日に応じたものとなり、加給年金とは金額が異なります。ただし、1966年4月2日以降の生まれの場合はゼロとなります。

加給年金額（2024年度価額）

配偶者	234,800円（受給権者の生年月日によって加算あり）
子	第1子と第2子は各234,800円、第3子以降は各78,300円

●「子」とは

公的年金における**子**とは、18歳到達年度の末日（3月31日）までにある子、または障害等級1級または2級の20歳未満の子をいう。それを超える年齢の子は対象外

配偶者が年上だと加給年金は支給されない

　加給年金は、年金受給者本人が65歳になると支給が開始されますが、配偶者が65歳になると配偶者本人の年金が支給されるため、加給年金は支給されなくなります。つまり、配偶者が受給者本人より年上の場合、すでに年金受給者になっているため、加給年金は支給されません。

5 繰上げ受給と繰下げ受給

　老齢厚生年金は、老齢基礎年金と同様に繰上げまたは繰下げ受給ができます。

	繰上げ受給	繰下げ受給
受給開始年齢	60歳から65歳になるまで	66歳から75歳になるまで
支給率	「0.4%×繰り上げた月数」が減額（最大24%）される 最大5年×12ヵ月×0.4%＝24%	「0.7%×繰り下げた月数」が増額（最大84%）される 最大10年×12ヵ月×0.7%＝84%
老齢基礎年金との関係	老齢基礎年金と同時に行わなければならない	老齢基礎年金と別々に選択してよい

6 在職老齢年金

　在職老齢年金は、60歳以降も在職する人に対して、一定の割合で年金額が減額したり、停止する制度です。

　60歳以降に会社から受け取る給与と年金月額の合計が50万円を超えると、老齢厚生年金が減額（停止）されます。

（老齢基礎年金は減額されない）

$$支給停止額＝（基本月額^{※1}＋総報酬月額相当額^{※2}－50万円）×\frac{1}{2}$$

※1 老齢厚生年金額（加給年金額を除く）÷12ヵ月　　※2 給与＋賞与÷12ヵ月

　老齢厚生年金の基本月額が 20 万円、総報酬月額相当額が 40 万円の場合、年金支給額はいくらか。

支給停止額＝（20 万円＋40 万円－50 万円）×$\frac{1}{2}$＝5 万円
年金支給額＝20 万円－5 万円＝<u>15 万円</u> …… 老齢厚生年金 20 万円のうち、5 万円が支給停止になる

確認問題

□□□問 1　老齢厚生年金に加給年金額が加算されるためには、原則として、老齢厚生年金の受給権者本人の厚生年金保険の被保険者期間が 20 年以上なければならない。

□□□問 2　特別支給の老齢厚生年金（報酬比例部分）は、原則として、1960 年（昭和 35 年）4 月 2 日以後に生まれた男性および女性には支給されない。

解答

問 1　○　老齢厚生年金の加給年金は、原則として、老齢厚生年金の受給権者本人の厚生年金保険の被保険者期間が 20 年以上必要です。

問 2　×　特別支給の老齢厚生年金（報酬比例部分）は、原則として、1961 年（昭和 36 年）4 月 2 日以後に生まれた男性および 1966 年（昭和 41 年）4 月 2 日以後に生まれた女性には支給されません。

16 障害年金

　障害年金とは、国民年金や厚生年金保険の加入者が病気やケガで障害状態になった場合に、その程度に応じて年金や一時金が支給される制度です。

　障害年金には、**障害基礎年金**と**障害厚生年金**があります。

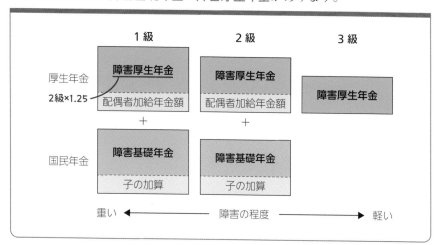

1 保険料納付要件 Ⓑ

原則	初診日の前日において、初診日のある月の前々月までの公的年金の被保険者期間のうち、**3分の2以上**の期間について、保険料が納付または免除されていること
特例	原則を満たせない場合、初診日において65歳未満であり、初診日の前日において、初診日のある月の前々月までの1年間に保険料の未納期間がないこと

2 障害基礎年金

国民年金では、障害認定日において障害の程度が1級または2級に該当する場合に、**障害基礎年金**が支給されます。

● **障害認定日**
　初診日から1年6ヵ月以内で、傷病が治った日、または治らない場合は初診日から1年6ヵ月を経過した日のこと

年金額（2024年度価額）

1級	1,020,000円（2級の年金額×**1.25倍**）＋子の加算※
2級	816,000円＋子の加算※

※第1子、第2子は各234,800円、第3子以降は各78,300円

　老齢基礎年金と異なり、障害基礎年金や遺族基礎年金は保険料納付済期間等に関わらず、満額の年金額が支給されます。

3 障害厚生年金

　障害厚生年金は、厚生年金保険に加入している人が、病気やケガにより障害認定日において、原則として障害等級1級、2級または3級に該当するなどの要件を満たすことで支給されます。障害厚生年金には、1級、2級に加えて、3級および3級より軽い**障害手当金**があります。

年金額

1級	報酬比例部分相当額×1.25倍＋配偶者加給年金額
2級	報酬比例部分相当額＋配偶者加給年金額
3級	報酬比例部分相当額（最低保障あり）
障害手当金	報酬比例部分相当額×2（一時金）

ひとこと

　障害基礎年金には「子の加算」が、障害厚生年金には「配偶者の加給」
があります。

17 遺族年金

　遺族年金とは、国民年金や厚生年金保険の加入者または加入者であった人が死亡した場合に、残された遺族に支給される年金です。遺族給付には**遺族基礎年金**と**遺族厚生年金**があります。

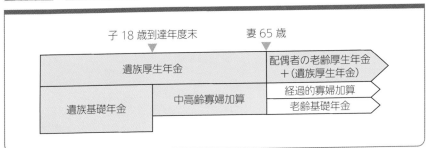

1 保険料納付要件

　　　　　　　└ 障害年金の保険料納付要件とほぼ同じ

原則	死亡日の前々月までの公的年金の加入期間の**3分の2以上**の期間について、保険料が納付または免除されていること
特例	原則を満たせない場合、死亡日において65歳未満であり、死亡日の月の前々月までの1年間に保険料の未納期間がないこと

2 遺族基礎年金

遺族基礎年金は、国民年金に加入している被保険者等が死亡したときに、一定の要件を満たす遺族に対して支給されます。

主な支給要件	• 国民年金の被保険者が死亡した場合 • 老齢基礎年金の受給権者（受給資格期間が 25 年以上）が死亡した場合 ⌐ 10年ではない
支給対象遺族	死亡した人に生計を維持されていた**子のある配偶者または子** Q 参照 P060
年金額	**配偶者が受給する場合（2024 年度価額）** 816,000 円＋子の加算※ ※第 1 子、第 2 子は各 234,800 円、第 3 子以降は各 78,300 円

● 寡婦年金と死亡一時金

第 1 号被保険者が死亡した場合、要件を満たせば**寡婦年金**または**死亡一時金**が支給されます。 ⌐ 夫と死別または離婚し、再婚していない人

寡婦年金と死亡一時金は**併用することはできません**。

寡婦年金	• 夫が第 1 号被保険者として、**10 年以上**の保険料納付済期間等があること • 夫の死亡当時、婚姻期間が **10 年以上**あり、生計維持関係がある **65 歳未満**の妻がいること • 夫が障害基礎年金や老齢基礎年金を受給したことがないこと
死亡一時金	• 第 1 号被保険者としての保険料納付済期間等が **36 月以上**ある人の死亡であること • 死亡した人が障害基礎年金や老齢基礎年金を受給したことがないこと

遺族厚生年金

厚生年金保険の被保険者、または老齢厚生年金の受給権者が死亡した場合などに、その人に生計を維持されていた遺族に対して支給されます。

主な受給要件	短期要件	厚生年金保険の被保険者が死亡した場合
	長期要件	老齢厚生年金の受給権者（受給資格期間が25年以上ある人）が死亡した場合
支給対象遺族	配偶者・子・父母・孫・祖父母	

ただし、夫が死亡した当時、子のいない30歳未満の妻に対する遺族厚生年金は、受給期間が5年間に限られます。

年金額

$$遺族厚生年金の額＝報酬比例部分相当額 \times \frac{3}{4}$$

Q 参照 P059

※厚生年金保険の被保険者月数が300月未満のときは、300月として計算する

ひとこと

　遺族基礎年金は「子がいなければ支給されない」のに対し、遺族厚生年金は「子がいなくても支給される」という点が異なります。

● 中高齢寡婦加算

一定年齢に達した子は社会保険における子ではないので、子はいないものと考える

中高齢寡婦加算は、夫の死亡当時40歳以上65歳未満の<u>子のいない妻</u>に対して、65歳に達するまで遺族厚生年金に上乗せ支給されます。

　ただし、妻が40歳に達した当時に子がおり、その後、子が18歳到達年度末（障害者は20歳）になったときに妻が65歳未満であれば、中高齢寡婦加算が支給されます。

応用 **経過的寡婦加算**

　妻が 65 歳になると妻自身に老齢基礎年金が支給されます。それに伴い中高齢寡婦加算は打ち切られますが、代わりに**経過的寡婦加算**が加算されます。

　ただし受給者は 1956 年 4 月 1 日以前生まれの人に限られます。

ひとこと

社会保険や年金では多くの数値が出てくるので混乱しやすいです。
ここでは、キーワードとなる数値について整理します。

$\dfrac{2}{3}$	● 傷病手当金の支給額 ● 出産手当金の支給額 ● 障害年金と遺族年金の保険料納付要件
67%	● 介護休業給付の支給額 ● 育児休業給付の支給額
$\dfrac{3}{4}$	● 遺族厚生年金の額

確認問題

□□□**問1** 遺族厚生年金を受給することができる遺族の範囲は、厚生年金保険の被保険者等の死亡の当時、その者によって生計を維持し、かつ、所定の要件を満たす配偶者、子のみである。

□□□**問2** 厚生年金保険の被保険者である夫が死亡し、子のない45歳の妻が遺族厚生年金の受給権を取得した場合、妻が75歳に達するまでの間、妻に支給される遺族厚生年金に中高齢寡婦加算額が加算される。

- -

解答

問1 × 遺族厚生年金を受給することができる遺族の範囲は、厚生年金保険の被保険者等の死亡の当時、その者によって生計を維持し、かつ、所定の要件を満たす配偶者、子、父母、孫、祖父母です。

問2 × 子のない45歳の妻が遺族厚生年金の受給権を取得した場合、妻が65歳に達するまでの間、妻に支給される遺族厚生年金に中高齢寡婦加算額が加算されます。

18 公的年金と税金

1 公的年金と税金

　公的年金の保険料の支払いおよび受給に関する税金の取扱いは次のとおりです。

保険料支払時	全額が社会保険料控除の対象 参照 P219	
受取時	老齢年金	雑所得
	遺族年金、障害年金	非課税

19 私的年金

年金は、国が運営する**公的年金**と、それ以外の**私的年金**に大別されます。さらに私的年金は**企業年金**と**個人年金**に分かれます。

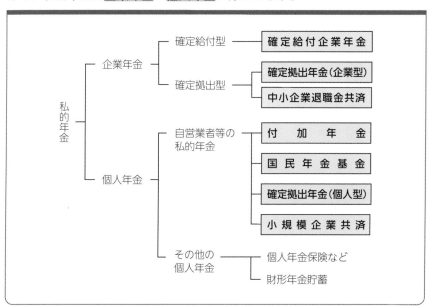

1 確定給付企業年金

確定給付企業年金は、将来支給される年金の額が**あらかじめ確定**している年金です。

2 確定拠出年金

確定拠出年金は、拠出された掛金とその運用しだいで、将来の給付額が変動する年金です。運用リスクは加入者が負うため、受取総額が掛金の合計額を下回る場合もあります。

確定拠出年金には、**企業型**と**個人型**（iDeCo）があります。

	企業型	個人型
掛金	企業拠出分は全額損金算入 加入者拠出分は小規模企業共済等掛金控除の対象	小規模企業共済等掛金控除の対象 🔍 参照 P220
給付の種類	老齢給付金・障害給付金・死亡一時金があり、所定の要件を満たした場合には、脱退一時金が支給される	
受給加入要件	老齢給付金を 60 歳から受給するためには、60 歳到達時の通算加入者等期間が **10 年以上**なければならない	

主な掛金拠出限度額（2024 年 11 月末まで）_赤字だけ覚えればok_

	加入対象者	拠出限度額 （年額）
企業型	他に確定給付型の企業年金を実施している企業の加入者	330,000 円
	他に確定給付型の企業年金を実施していない企業の加入者	660,000 円
個人型	国民年金第 1 号被保険者	816,000 円 （国民年金基金の掛金との合計額）
	• 他の企業年金も確定拠出年金（企業型）も実施していない企業の加入者 • 国民年金第 3 号被保険者	276,000 円

ひとこと

確定拠出年金は**拠出（掛金）**が確定しており、確定給付企業年金は**将来の年金給付**が確定しています。

3 国民年金基金

国民年金基金は、国民年金の第1号被保険者などが老齢基礎年金に上乗せして加入できる制度です。

掛金の上限は、月額 68,000 円（**個人型確定拠出年金との合計額**）です。

- ●加入は口数制で、選択した給付の型・加入時の年齢・性別によって異なる
- ●種類は終身年金と確定年金があり、必ず1口目は終身年金（2口目から選択）
- ●一度加入すると、原則として脱退はできない
- ●国民年金基金に加入している場合、国民年金の付加保険料を納付することはできない

4 小規模企業共済

小規模企業共済は、個人事業主や小規模企業の役員が退職金の代わりとして受け取ることができる制度です。

掛金は、月額1,000円～70,000円であり、全額が小規模企業共済等掛金控除の対象です。

自営業者は、老齢厚生年金がない、または少ないため、会社員などと比べて年金額が少なくなります。その年金額を増やすため、付加年金、国民年金基金、小規模企業共済などに加入するメリットがあります。

5　中小企業退職金共済制度

中小企業退職金共済制度とは、独力では退職金制度を設けることが難しい中小企業について、国の援助によって**従業員の退職金**を準備する制度です。

● 掛金

掛金は**全額事業主負担**（国の助成あり）

国の助成

- ●新規加入の事業主には、掛金の2分の1（上限5,000円）を加入後4ヵ月目から1年間補助
- ●掛金を増額する事業主には、増額分の3分の1を1年間補助

6　私的年金等の税金

私的年金の掛金および給付に関する税金の扱いは次のとおりです。

	掛金		給付	
	事業主拠出分	加入者拠出分 （所得控除）	一時金	年金
確定給付企業年金	損金※	生命保険料控除	退職所得	雑所得（公的年金等控除の対象）
確定拠出年金		小規模企業共済等掛金控除	退職所得	雑所得（公的年金等控除の対象）
小規模企業共済	—	小規模企業共済等掛金控除	退職所得	雑所得（公的年金等控除の対象）
国民年金基金	—	社会保険料控除	—	雑所得（公的年金等控除の対象）
中小企業退職金共済制度	損金	—	退職所得	

※法人税を計算する際に差し引ける「経費」のようなもの

確認問題

☐☐☐**問 1** 国民年金基金の加入員は、所定の事由により加入員資格を喪失する場合を除き、加入している国民年金基金から自己都合で任意に脱退することはできない。

☐☐☐**問 2** 国民年金基金の掛金の額は、加入員の選択した給付の型や加入口数、加入時の年齢、性別によって異なる。

☐☐☐**問 3** 確定拠出年金の個人型年金の老齢給付金を 60 歳から受給するためには、60 歳到達時の通算加入者等期間が 10 年以上なければならない。

- -

解答

問 1 ○ 国民年金基金の加入員は、原則として、加入している国民年金基金から自己都合で任意に脱退することはできません。

問 2 ○ 国民年金基金の掛金の額は、選択した給付の型、加入口数、加入時の年齢、性別によって異なります。

問 3 ○ 確定拠出年金の個人型年金の老齢給付金を 60 歳から受給するためには、60 歳到達時の通算加入者等期間が 10 年以上なければなりません。

2章 リスク管理

もしものケガや病気にどの保険で備えるかを理解する！

学科 重要論点 BEST **3**

生命保険と税金 …… 生命保険料控除
自動車保険 …… 自賠責保険、任意加入の自動車保険
第三分野の保険 …… 医療保険、がん保険

実技 重要論点 BEST **3**

【 金財　個人資産相談業務 】
出題なし

【 金財　保険顧客資産相談業務 】
保険証券 …… 必要保障額や保障内容を読み取る
退職所得 …… 退職所得金額の算出
法人契約の生命保険 …… 生命保険料の仕訳（長期平準定期など）

【 日本 FP 協会　資産設計提案業務 】
生命保険の保険証券 …… 受け取れる保険金を読み取る
生命保険と税金 …… 生命保険料控除
損害保険の補償内容 …… 損害保険の資料から補償内容を読み取る

1　保険の基本

1　保険とは

　日常生活では、事故や病気など想定していなかった出来事に見舞われることがあります。こうした突発的なリスクに備えるのが**保険**です。

2　保険のしくみ

　保険（生命保険・損害保険）は、多くの人が少しずつ公平にお金（保険料）を出し合い、共有のサイフ（保険会社が管理）にお金を貯めます。そして、誰かが病気やケガ、死亡をしたときに、共有のサイフの中からお金（保険金）を出して助けます。保険のしくみは、困ったときの助け合い（**相互扶助**）の精神で成り立っています。

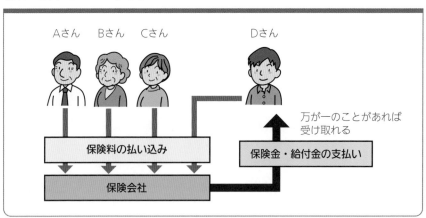

3　民間保険の分類

　民間保険には、「生命保険」「損害保険」「第三分野の保険」があります。**生命保険**とは、主に「ヒト」に関するリスクに備える保険、**損害保険**とは、主に「モノや財産」に関するリスクに備える保険です。**第三分野**とは、生命保険と損害保険の中間的な領域にまたがり、**双方が取り扱う商品**です。

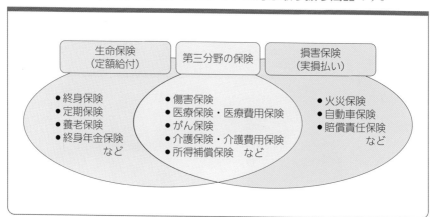

4　公的保険と民間保険

　保険には、国などが運営する**公的保険**（1章で学習）と民間の保険会社（生命保険会社、損害保険会社）が運営する**民間保険**があります。

　公的保険を基本にしつつ、それだけでは足りない部分を民間保険で補完することができます。

自分に万が一のことがあった場合、残された家族（遺族）が生活するためには、いくらのお金が必要になるでしょうか。

　遺族が生活するうえで足りない金額を算出することで、保険で備えるべき金額がわかります。これを**必要保障額**といいます。必要保障額は人生の節目ごとに見直すことが大切です。

　必要保障額は、通常、**末子**が誕生したときが最大で、その後時間の経過とともに**逓減**します。

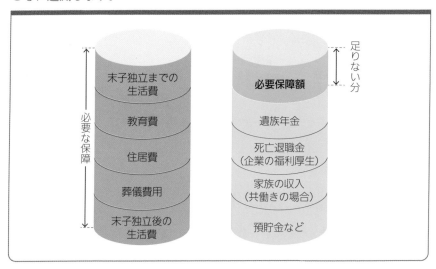

Q 参照 P024

　ただし、住宅ローンを借りる際団体信用生命保険に加入している場合、死亡するとローンの残債は死亡保険金で支払われるため、必要保障額に含めません。

実技試験に`チャレンジ!´

> 必要保障額の計算　　　　　金財　保険顧客資産相談業務（改題）

《資　料》

　会社員のAさん（44歳）は、妻Bさん（35歳）および長男Cさん（0歳）と3人暮らしである。

問　下記の〈算式〉および〈条件〉に基づき、Aさんが現時点で死亡した場合の必要保障額は、次のうちどれか。

1)　　　4,004万円

2)　　　6,004万円

3) 1億3,504万円

〈算式〉

必要保障額＝遺族に必要な生活資金等の支出の総額－遺族の収入見込金額

〈条件〉

1. 長男Cさんが独立する年齢は、22歳（大学卒業時）とする。
2. Aさんの死亡後から長男Cさんが独立するまで（22年間）の生活費は、現在の日常生活費（月額30万円）の70％とし、長男Cさんが独立した後の妻Bさんの生活費は、現在の日常生活費（月額30万円）の50％とする。
3. 長男Cさん独立時の妻Bさんの平均余命は、32年とする。
4. Aさんの死亡整理資金（葬儀費用等）、緊急予備資金は、500万円とする。
5. 長男Cさんの教育資金の総額は、1,300万円とする。
6. 長男Cさんの結婚援助資金の総額は、200万円とする。
7. 住宅ローン（団体信用生命保険に加入）の残高は、2,000万円とする。
8. 死亡退職金見込額とその他金融資産の合計額は、1,800万円とする。
9. Aさん死亡後に妻Bさんが受け取る公的年金等の総額は、7,500万円とする。

解答・解説

答 1

❶遺族に必要な生活資金等の支出の総額

　住宅ローンは団体信用生命保険に加入しているため、Aさん死亡後は住宅ローンの残高 2,000 万円は支払い不要です。

　Aさん死亡後の生活費：

　　長男Cさん独立まで：30 万円×70%×12ヵ月×22 年＝5,544 万円

　　長男Cさん独立後　：30 万円×50%×12ヵ月×32 年＝5,760 万円

　　　　　　合　計　：1 億 1,304 万円

　死亡整理資金（葬儀費用等）、緊急予備資金：500 万円

　教育資金：1,300 万円

　結婚援助資金：200 万円

　合計：1 億 1,304 万円＋500 万円＋1,300 万円＋200 万円＝1 億 3,304 万円

❷遺族の収入見込金額

　　死亡退職金見込額とその他金融資産の合計額：1,800 万円

　　妻Bさんの公的年金等の総額：7,500 万円

　　合　計：1,800 万円＋7,500 万円＝9,300 万円

❸必要保障額

　　必要保障額：1 億 3,304 万円 − 9,300 万円＝4,004 万円

　　※❷遺族の収入見込金額が、❶遺族に必要な生活資金等の支出の総額に満たないので、足りない分を生命保険等でカバーする必要があります。

2 保険契約者保護

1 保険契約者保護機構

保険契約者保護とは、保険会社が破綻したときに、保険契約者を保護するための制度です。

保険契約者の保護を行うための機構として、**生命保険契約者保護機構**と**損害保険契約者保護機構**があります。

① 生命保険契約者保護機構

「民営化後のかんぽ生命」も対象

国内で営業する**すべての生命保険会社**は、生命保険契約者保護機構に加入しています。銀行等の窓口を通じて加入した保険についても対象となります。

ただし、**少額短期保険業者**や**共済は対象外**です。

●**少額短期保険業者**　　　　　満期保険金や解約返戻金がない

「少額」、「短期（生命保険は1年以内）」、「掛け捨て」の引き受けのみを行う事業者のこと。引き受けられる保険金の総額は、原則**1,000万円**まで。通常の保険会社では取り扱わない特殊な保険にフレキシブルに対応できる（葬儀保険やペット保険など）

② 損害保険契約者保護機構

国内で営業するすべての損害保険会社は、損害保険契約者保護機構に加入しています。

ただし、**少額短期保険業者**や**共済は対象外**です。

③ 保険契約者保護機構の補償の範囲

　生命保険契約者保護機構および損害保険契約者保護機構の主な補償の範囲は次のとおりです。

	補償の内容	
生命保険契約者 保護機構	破綻時の<u>責任準備金</u>等の90%（高予定利率契約の補償を除く） 「払込保険料」や「解約返戻金」ではない	
損害保険契約者 保護機構	自動車損害賠償責任保険 （自賠責）、家計地震保険	保険金の100%まで補償
	火災保険、（任意加入の） 自動車保険	保険金の100%まで（破綻後3ヵ月経過後は保険金の80%まで）

●責任準備金
　保険会社が将来の保険金給付や解約返戻金の支払い等に充てるために、保険料や運用収益を財源として積み立てておく必要がある準備金のこと

2　ソルベンシー・マージン比率　

　ソルベンシー・マージン比率とは、大災害により保険金の支払いが急増した場合などのリスクに対して、保険会社が対応できる支払能力を有しているかを判断する指標です。その比率は200%以上であることが健全性の目安となります。

　200%を下回った場合、金融庁の早期是正措置の対象となります。

3　クーリング・オフ

　クーリング・オフとは、保険の申込みをした後であっても、改めて契約内容を検討すると自分に商品性があっていないなどの理由から、<u>申込みを撤回</u>できる制度です。

申込みの撤回は、通常、クーリング・オフについて説明する**書面を受け取った日または契約の申込日のいずれか遅い日を含めて8日以内に書面**（電磁的記録でも可）で行います。

たなけん
ポイント

クーリング・オフとは、「cooling-off＝頭を冷やす」という意味です。

<u>主なクーリング・オフができない場合</u>

- 加入が義務付けられている保険（自賠責保険など）
- 保険会社が指定した医師の診査を終了している場合　など

4 保険法と保険業法

1 保険法と保険業法

保険契約者にとって契約が適正に履行されることは重要です。そのためのルールとして、**保険法**や**保険業法**があります。両者は役割が異なります。

保険法	契約当事者間の契約ルールについて定めた法律
保険業法	保険会社に対する監督（免許の内容、業務の内容の規制、罰則等）について定める法律

2 保険業法

(1) 保険募集

保険業法の保険募集において、**媒介**とは、保険募集人が保険契約の勧誘を行い、保険会社の承諾により契約が成立する形態を指し、**代理**とは、保険募集人の承諾により契約が成立する形態を指します。

(2) 保険募集に関する禁止事項

- 不実（虚偽）告知を勧める行為
- 不利益となる事実を告げずに乗換募集・転換契約をさせる行為
- 保険料の割引・割戻し・立替えなどの特別の利益を約束する行為
- 他の保険契約との比較において契約者に誤解させる表示

確認問題

□□□ **問1** 銀行の窓口において加入した個人年金保険は、生命保険契約者保護機構の保護の対象とはならない。

□□□ **問2** ソルベンシー・マージン比率は、保険会社の保険金等の支払余力がどの程度あるかを示す指標であり、この値が300%を下回った場合には、監督当局による早期是正措置の対象となる。

□□□ **問3** 国内で事業を行う生命保険会社が破綻した場合、生命保険契約者保護機構による補償の対象となる保険契約については、高予定利率契約を除き、（①）の（②）まで補償される。
1) ①既払込保険料相当額　②70%
2) ①死亡保険金額　　　　②80%
3) ①責任準備金等　　　　②90%

.....

解答

問1 ✕ 国内の銀行の窓口において加入した生命保険は、生命保険契約者保護機構の保護の対象となります。

問2 ✕ ソルベンシー・マージン比率が200%を下回った場合には、監督当局による早期是正措置の対象となります。

問3 3 国内で事業を行う生命保険会社が破綻した場合、生命保険契約者保護機構による補償の対象となる保険契約については、高予定利率契約を除き、**責任準備金等**の90%まで補償されます。

3 生命保険料・配当金のしくみ

1 生命保険料算定の原則

　生命保険料は、大数の法則と収支相等の原則に基づき、3つの予定基礎率（予定死亡率、予定利率、予定事業費率）で算出されます。

大数の法則	1つ1つでは偶然にみえる結果であっても、大量のデータで観察することで、期待値（一定の法則）に近づくという法則
収支相等の原則	保険料の総額・運用益の合計と、保険金の支払総額・経費の合計が一致するように保険料を算定するという原則

	特徴	保険料への影響
予定死亡率	過去の統計から、性別・年齢別の死亡者数（生存者数）を予測して、保険金支払額を算定する際に用いる死亡率	予定死亡率が高いほど、支払う保険金額が増えるため、保険料は高くなる
予定利率	保険会社が運用する際に約束する利回り	予定利率が高いほど、運用成果が高くなるため、保険料は安くなる
予定事業費率	保険会社が事業の運営上必要とする経費の割合	予定事業費率が高いほど、事業に必要な経費が高いため、保険料は高くなる

2 保険料の構成

　生命保険料は、「予定死亡率」「予定利率」「予定事業費率」をもとに計算した、純保険料および付加保険料で構成されています。

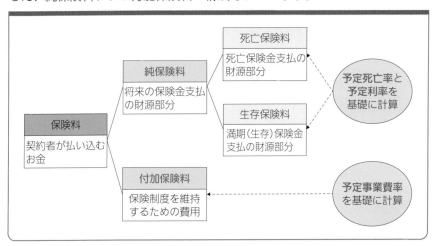

3 配当金

　保険料は予定死亡率・予定利率・予定事業費率をもとに算定されますが、実際の運用との差により剰余金が発生することがあります。この剰余金を契約者に**配当金**として還元します。

死差益	実際の死亡率が、予定死亡率より低かった場合に生じる利益
利差益	運用による実際の収益が、予定利率より高かった場合に生じる利益
費差益	実際の事業費が、予定事業費率より低かった場合に生じる利益

4 生命保険の基本用語

生命保険を学習するにあたり、基本用語をおさえておきましょう。

保険期間	契約した保険の保障期間のこと
払込期間	保険契約を継続させるために保険料を支払い続ける期間のこと
契約者	生命保険会社と保険契約を結び、さまざまな権利と義務を持つ人のこと
被保険者	病気・死亡・ケガなどの保険がかけられている人のこと
受取人	保険金や給付金を受け取る人のこと
保険料	契約者などが支払うお金のこと
保険金	受取人が受け取るお金のこと
給付金	入院したり、手術を受けたりした際に受け取るお金のこと
満期	契約時に定められた、保険期間が満了するときのこと
解約返戻金	契約を途中で解約した場合に、契約者が受け取るお金のこと
主契約	保険契約として成立する基本部分のこと
特約	主契約の内容を変更・追加・削除するもののこと 単独では契約できない

● 契約者・被保険者・保険金受取人の関係

たとえば、契約者（＝保険料負担者）、被保険者が夫で、保険金受取人が妻である死亡保険契約の場合、被保険者である夫が死亡すると、妻が死亡保険金を受け取ることができます。

契約者　　　　被保険者　　　保険金受取人

夫　　　　　　夫　　　　　　妻

5 生命保険契約の手続き

1 告知義務

　保険契約を申し込むにあたり、契約者または被保険者は、健康状態や病歴などについて保険会社が定めた質問に答えなければなりません。これを**告知義務**といいます。ただし、生命保険募集人は告知受領権を有していません。

　告知義務違反があった場合には、次の場合を除き、保険会社は契約を解除することができます。

告知義務違反があっても保険会社が契約を解除できない場合

- 保険会社が告知義務違反を知ったときから **1ヵ月**以内に解除しなかった場合、または保険契約の締結から **5年**を経過している場合
- 生命保険募集人が契約者や被保険者の告知を妨害した場合

2 責任開始日

　保険会社に保険金の支払い義務が発生する日を責任開始日といいます。

　責任開始日は、①申込書の提出、②告知または診査、③第1回目の保険料の支払いがすべて完了した日となります。

3 保険料の払込み方法

　保険料の支払には、前納払い・一時払い・月払い・半年払い・年払いなどがあります。通常は月払いより、前納払いや一時払いなどのほうが保険料は安くなります。
　　　　　　　　　└ まとめて支払う方法

6 保険料の支払いが困難になった場合の措置

1 払込期限と猶予期間

保険料を支払わなかった場合、すぐに契約が失効するわけではなく、一定の猶予期間が設けられています。

払込方法	払込期限（月）	猶予期間
月払い	毎月の契約応当日※のある月の初日から末日まで	払込日の翌月初日から翌月末まで
半年払い・年払い	半年ごと、1年ごとの契約応当日のある月の初日から末日まで	払込日の翌月初日から翌々月の契約応当日※まで

※各月・半年ごとの契約日に当たる日付

2 保険料の支払いが困難になった場合の継続方法

 延長保険と払済保険

保険料の支払いが困難になった場合、払込みを中止して、その時点の解約返戻金をもとに保障を継続する方法として**延長保険**と**払済保険**があります。

	保険期間	保険金額	変更後の保険種類	特約
延長（定期）保険	短くなる	変わらない	定期保険	消滅※
払済保険	原則変わらない	小さくなる	元の保険と同じ種類または終身保険、養老保険	

※払済保険の場合、通常リビング・ニーズ特約は継続する 参照 P107

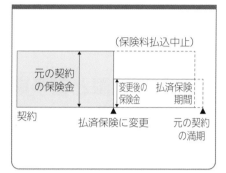

延長保険

（保険料払込中止）

| 元の契約の保険金 | 延長（定期）保険期間 |

契約　　延長（定期）　　延長期間　　元の契約
　　　　保険に変更　　　　満了　　　　の満期

払済保険

（保険料払込中止）

| 元の契約の保険金 | 変更後の保険金 | 払済保険期間 |

契約　　　　　　払済保険に変更　　　　元の契約
　　　　　　　　　　　　　　　　　　　の満期

3 失効と復活　　　Ⓑ

① 失効

　猶予期間を過ぎても保険料の払込みがなく、自動振替貸付もできない場合、保険契約は**失効**します。

② 復活

　保険契約は失効しても、一定期間内であれば、失効中の保険料や利息を一括で支払うことで、保険契約を元に戻すことができます。これを**復活**といいます。

●保険料（保険料率）や契約内容は失効前と同じ
●契約復活には告知や医師の診査が必要

4 生命保険の貸付制度

1 自動振替貸付制度

自動振替貸付制度とは、保険料の払込猶予期間内に払込みがなかった場合、解約返戻金の範囲内で保険会社が自動的に立て替える制度です。

立て替えられた保険料には、所定の利息が発生します。

2 契約者貸付制度

契約者貸付制度とは、契約者に資金が必要になったときに、解約返戻金の一定範囲内で保険会社が貸し付ける制度です。契約期間中であればいつでも返済可能です。貸付金には、所定の利息が発生します。

確認問題

□□□問1 保険料が払い込まれずに失効した生命保険契約について、失効してから一定期間内に所定の手続を経て保険会社の承諾を得ることにより当該契約を復活する場合、復活後の保険料は復活後の保険料率が適用され、失効期間中の保険料についてはまとめて支払わなければならない。

□□□問2 延長保険とは、一般に、保険料の払込みを中止して、その時点での解約返戻金を基に、元契約よりも長い保険期間の定期保険に変更する制度である。

....

解答

問1 ✕ 復活後の保険料は**失効前**の保険料率が適用されます。

問2 ✕ 延長保険とは、保険料の払込みを中止して、その時点での解約返戻金を基に元契約よりも**短い**保険期間の定期保険に変更する制度です。

生命保険契約の見直し

　保険契約は一度契約をすれば終わりとは限りません。ライフサイクルの変化などにより、保険契約の内容を見直したい場合もあります。このようなときに利用できる制度があります。

契約転換制度

　契約転換制度とは、現在加入している保険の責任準備金（積立部分）や配当金を転換価格（下取り）として、新たな保険契約の一部に充てる方法です。

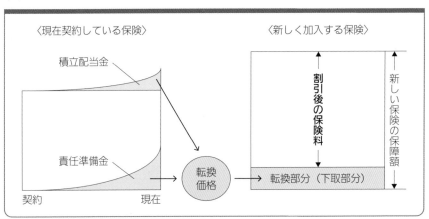

●保険料は転換時の年齢・保険料率により計算される
●告知や医師の診査が必要

8 生命保険の商品

1 生命保険商品の全体像

生命保険商品は用途に応じてさまざまな種類があります。

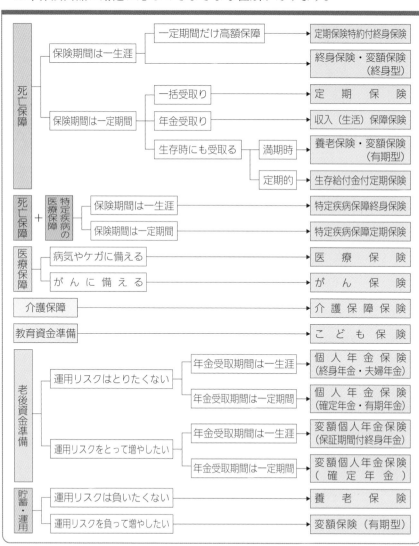

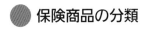 保険商品の分類

　生命保険商品は、その目的別に**死亡保険**と**生存保険**および**生死混合保険**に区分することができます。

保険の分類	特徴	保険商品の例
死亡保険	保障期間中に被保険者が死亡または高度障害になったときに保険金が支払われる	終身保険 定期保険
生存保険	被保険者が満期日または所定の期日まで生存していた場合に保険金が支払われる	個人年金保険
生死混合保険	死亡保険と生存保険をセットにしたもの	養老保険

2　定期保険　

　定期保険は、一定期間内に被保険者が**死亡**または**高度障害状態**になった場合に保険金が支払われるタイプの保険です。

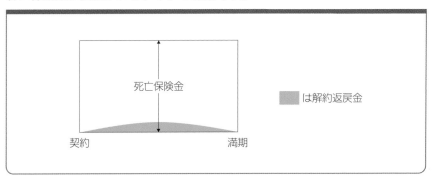

●保険料は原則<u>掛捨て</u>で、満期保険金はない

●積立型に比べて保険料が安い

●解約返戻金はないか、あっても少額※
　※長期平準定期保険や逓増定期保険は解約返戻金が多くなることもある

① 平準定期保険

保険金額が保険期間中一定で変わらない定期保険です。

② 逓増定期保険

保険期間満了までに**保険金額が増加**していく定期保険です。
保険期間中の保険料は変わりません。

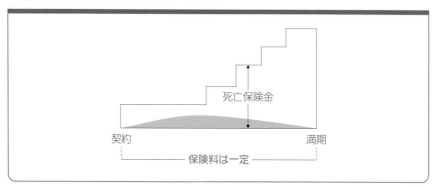

③ 逓減定期保険

保険期間満了までに**保険金額が減少**していく定期保険です。
保険期間中の保険料は変わりません。

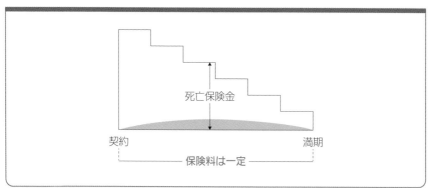

④ 収入保障保険

　被保険者（夫など）が死亡または高度障害状態になった場合に、その家族に対して満期まで定額の給付金が<u>年金形式</u>（一時金での受取りも可能）で支

　┗他の定期保険の保険金は「一時金」

払われる保険であり、収入を保障する商品です。

　収入保障保険の死亡保険金を<u>一時金</u>で受け取る場合の受取額は、一般に、年金形式で受け取る場合の受取総額よりも<u>少なく</u>なります。

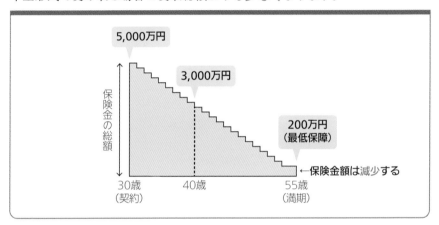

　なお、似た名前で就業不能保険がありますが、これは被保険者が病気やケガで働けなくなったときの収入をカバーします。

3　終身保険

　<u>終身保険</u>は、保障が<u>一生涯続く</u>保険です。

　┗定期保険は「一定の期間」まで

　終身保険には<u>貯蓄性</u>があり、契約中に解約した場合、<u>解約返戻金</u>が支払われます。

　ただし、契約後一定期間内（一時払を含む）に解約すると解約返戻金が払込保険料を<u>下回る</u>可能性があります。

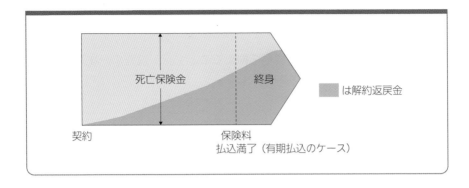

① 定期保険特約付終身保険

定期保険特約付終身保険は、終身保険を主契約として、特約として定期保険を付加したものです。

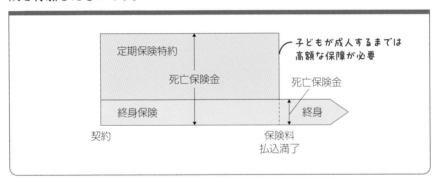

- ●定期保険を特約として付加しているので、比較的安い保険料で手厚い保障が受けられる
- ●定期保険特約は、一定期間で更新する更新型と、保険料が終了するまで変わらない全期型がある
- ●更新型は、更新時に告知や医師の診査は不要（健康状態にかかわらず更新できる）
- ●更新型の保険料は更新時の年齢で再計算されるため、通常、更新ごとに高くなる

② 低解約返戻金型終身保険

　保険料払込期間中の解約返戻金を抑えることで、一般的な終身保険よりも保険料が安くなる保険です。

4　養老保険

　養老保険は、保険期間が一定期間に限定され、保険期間中に被保険者が死亡したときには**死亡保険金**が支払われ、満期まで生存したときには死亡保険金と同額の**満期保険金**が支払われる生死混合保険です。

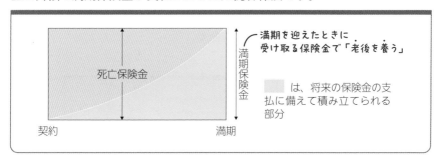

死亡保険金

満期保険金

契約　　　　　　　　満期

満期を迎えたときに
受け取る保険金で「老後を養う」

　　は、将来の保険金の支
払に備えて積み立てられる
部分

5　変額保険

　変額保険とは、資産を株式や債券等の有価証券に投資し、保険金額などが運用実績に応じて**変動する**保険のことです。

　運用実績にかかわらず保険金額が保証される「一般勘定」で運用・管理される定額型の保険商品と区別して、変額保険は別の勘定（特別勘定）を設けて運用・管理を行います。

● 変額保険の種類

　変額保険には、①終身保険タイプ（終身型）、②養老保険タイプ（有期型）、③変額個人年金保険の3種類があります。

参照 P104

●死亡または高度障害の場合に支払われる保険金や給付金には、基本保険金額が最低保証される
●解約返戻金や満期保険金には最低保証はない

終身保険タイプ（終身型）

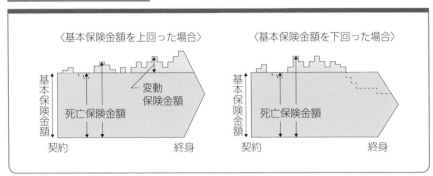

養老保険タイプ（有期型）

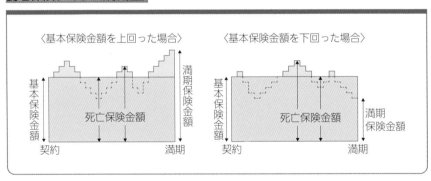

6 学資（こども）保険

　学資（こども）保険は、満期（18 歳や 22 歳など）になると満期保険金が支払われ、計画的に教育資金を貯めることができる保険です。

保険期間中に契約者（＝保険料負担者）である親が死亡した場合、祝い金や満期保険金の受け取りは**そのまま継続**し、その後の保険料の支払いは**免除**されます。また、出生前加入特則の付加により、被保険者となる子が出生する前であっても加入できるものがあります。

7 個人年金保険

個人年金保険は、契約時に定めた一定の年齢から**年金**が受け取れる保険で、私的年金ともいわれます。

年金受取開始前に被保険者が死亡した場合、死亡保険金受取人は、払込保険料相当額を死亡保険金として受け取ることができます。

1 終身年金

被保険者が生存している限り、一生涯にわたり年金が支払われます。

契約内容が同一の場合、**女性**の方が平均余命が長いため、男性より**保険料が高く**なります。

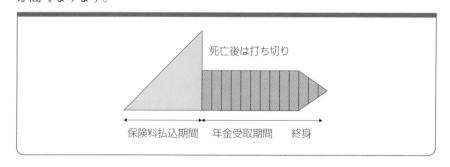

❷ 保証期間付終身年金

　保証期間中は被保険者の**生死にかかわらず**年金が支払われ、その後は**生存している限り**年金が支払われます。

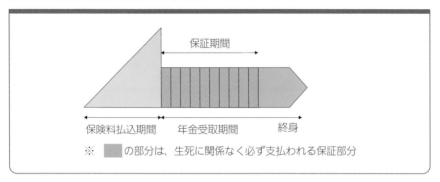

❸ 確定年金

　被保険者の**生死にかかわらず**、あらかじめ定められた期間において年金が支払われます。

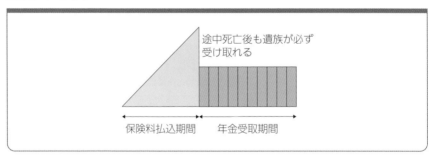

❹ 有期年金

　被保険者が**生存している限り**、あらかじめ定められた年金受取期間において年金が支払われます。<u>年金受取期間中に死亡した場合、その時点で年金は終了</u>となります。

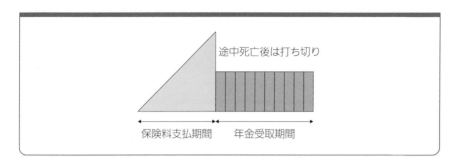

途中死亡後は打ち切り

保険料支払期間　年金受取期間

⑤ 保証期間付有期年金

　保証期間中は被保険者の**生死**にかかわらず年金が支払われ、その後は**生存**
している限り、あらかじめ定められた年金受取期間において年金が支払われ
ます。

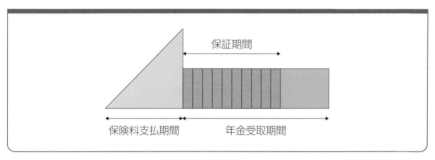

保証期間

保険料支払期間　　　　年金受取期間

⑥ 変額個人年金保険

　変額個人年金保険は、個人年金保険の変額保険版です。資産の運用を特別
勘定で行い、保険会社の運用実績によって死亡保険金や解約返戻金、または
年金額が変動します。一般に、**死亡給付金**には**最低保証**がありますが、**解約
返戻金**には最低保証はありません。

年金原資が払込保険料を下回った場合

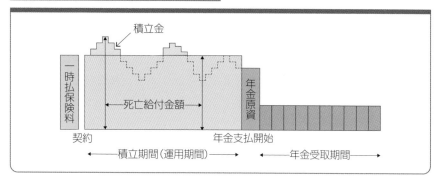

8 団体保険

団体保険とは、制度の案内や保険料の徴収など、団体（会社）側が制度運用の一部を保険会社に代わって行うことで保険会社の経費を削減できるため、個人契約と比べると保険料が安くなる保険です。代表的な商品として、総合福祉団体定期保険があります。

● 総合福祉団体定期保険

総合福祉団体定期保険は、一般に、従業員等の遺族の生活保障を主たる目的として、法人が契約者となる保険です。役員を被保険者とすることもできます。

●加入の申込みに際しては、被保険者になることについての加入予定者の同意および告知が必要
●法人が支払った保険料は、条件を満たせばその全額を損金の額に算入できる

【ヒューマン・ヴァリュー特約】

　役員・従業員が死亡等した場合、法人はその役員・従業員が生み出してきた利益を喪失します。また、新たな従業員等を雇うための費用が必要になります。その経済的損失に備えるための特約として、主契約の団体定期保険に、**ヒューマン・ヴァリュー特約**を付加することができます。当該特約の死亡保険金等の受取人は、**法人**に限定されています。

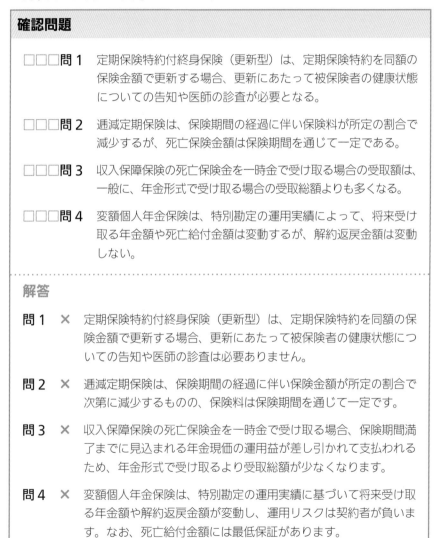

確認問題

□□□**問1**　定期保険特約付終身保険（更新型）は、定期保険特約を同額の保険金額で更新する場合、更新にあたって被保険者の健康状態についての告知や医師の診査が必要となる。

□□□**問2**　逓減定期保険は、保険期間の経過に伴い保険料が所定の割合で減少するが、死亡保険金額は保険期間を通じて一定である。

□□□**問3**　収入保障保険の死亡保険金を一時金で受け取る場合の受取額は、一般に、年金形式で受け取る場合の受取総額よりも多くなる。

□□□**問4**　変額個人年金保険は、特別勘定の運用実績によって、将来受け取る年金額や死亡給付金額は変動するが、解約返戻金額は変動しない。

- -

解答

問1　✕　定期保険特約付終身保険（更新型）は、定期保険特約を同額の保険金額で更新する場合、更新にあたって被保険者の健康状態についての告知や医師の診査は必要ありません。

問2　✕　逓減定期保険は、保険期間の経過に伴い保険金額が所定の割合で次第に減少するものの、保険料は保険期間を通じて一定です。

問3　✕　収入保障保険の死亡保険金を一時金で受け取る場合、保険期間満了までに見込まれる年金現価の運用益が差し引かれて支払われるため、年金形式で受け取るより受取総額が少なくなります。

問4　✕　変額個人年金保険は、特別勘定の運用実績に基づいて将来受け取る年金額や解約返戻金額が変動し、運用リスクは契約者が負います。なお、死亡給付金額には最低保証があります。

9 生命保険の主な特約

1 生命保険の主な特約

特約は、主契約に付加して契約するもので、単独では契約できません。
主契約を解約すると、特約も解約となります。

特定疾病 保障保険 特約	がん・急性心筋梗塞・脳卒中の**三大疾病**と診断され、所定の状態になった場合、保険金（特定疾病保険金）が支払われる
	• 特定疾病保険金は、**受け取った時点で契約が終了**し、その後に死亡しても死亡保険金は支払われない • 特定疾病**以外**の事由で死亡した場合でも、**同額の死亡保険金**が支払われる（生前に特定疾病保険金を受け取っていない場合）
傷害特約	不慮の事故または所定の感染症で死亡したときに**死亡保険金**、不慮の事故で所定の障害状態になったときに**障害給付金**が支払われる
災害割増 特約	不慮の事故等により、その日から 180 日以内に死亡または高度障害状態となったとき、主契約の死亡保険金に上乗せして支払われる
先進医療 特約	**療養を受けた時点**で厚生労働大臣が承認する先進医療に該当する治療を受けたときに給付金が支払われる
リビング・ ニーズ特約	**余命 6ヵ月**と診断された場合に、保険金を**生前**に受け取れる
	• **無料**で付加できる • 病気やケガの種類を**問わない** ╱**特定疾病だけではない**
指定代理 請求特約	被保険者が疾病等により意思表示ができないなどの事情がある場合に、あらかじめ指定した人が被保険者の代わりに保険金などの請求ができる特約
	• 特約を付加しても別途特約保険料の支払いは不要 • 指定代理請求人は保険期間の途中で変更できる • 指定代理請求人は被保険者の同意を得たうえで契約者が指定する

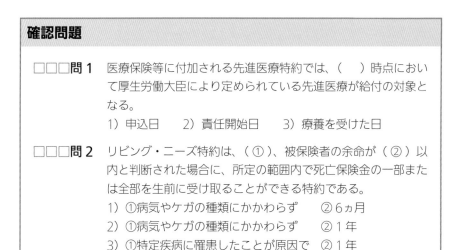

確認問題

☐☐☐**問 1** 医療保険等に付加される先進医療特約では、（　　）時点におい
て厚生労働大臣により定められている先進医療が給付の対象と
なる。
1）申込日　　2）責任開始日　　3）療養を受けた日

☐☐☐**問 2** リビング・ニーズ特約は、（①）、被保険者の余命が（②）以
内と判断された場合に、所定の範囲内で死亡保険金の一部また
は全部を生前に受け取ることができる特約である。
1）①病気やケガの種類にかかわらず　　②6ヵ月
2）①病気やケガの種類にかかわらず　　②1年
3）①特定疾病に罹患したことが原因で　②1年

解答

問 1　**3**　医療保険等に付加される先進医療特約では、**療養を受けた日**時点
において厚生労働大臣により定められている先進医療が給付の対
象となります。

問 2　**1**　リビング・ニーズ特約は、**病気やケガの種類にかかわらず**、被保
険者の余命が**6ヵ月**以内と判断された場合に、所定の範囲内で死
亡保険金の一部または全部を生前に受け取ることができる特約で
す。

10 生命保険料控除

生命保険料を支払うと、所得税・住民税を計算する際、払込保険料に応じて一定額が控除（所得控除）されます。これを**生命保険料控除**といいます。

🔍参照 P216

なお、**少額短期保険**の保険料は生命保険料控除の**対象外**です。

1 生命保険料控除の対象となる契約

生命保険料控除は 2011 年 12 月 31 日（旧制度）までの契約は一般の生命保険料控除および個人年金保険料控除の 2 種類、2012 年 1 月 1 日（新制度）以降の契約は**介護医療保険料控除**が加わり 3 種類あります。次の図表で、主に新制度の対象となる保険について確認してください。

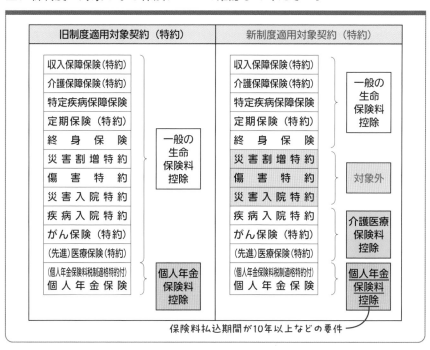

2 生命保険料控除額

生命保険料控除額は、旧契約と新契約とでは、控除額が異なります。

旧契約の生命保険料・個人年金保険料の控除額（2011年12月31日まで）

	年間正味払込保険料	控　除　額
所得税	25,000 円以下	払込保険料全額
	25,000 円超　50,000 円以下	（払込保険料×1/2）＋12,500 円
	50,000 円超 100,000 円以下	（払込保険料×1/4）＋25,000 円
	100,000 円超	一律 50,000 円
住民税	15,000 円以下	払込保険料全額
	15,000 円超　40,000 円以下	（払込保険料×1/2）＋7,500 円
	40,000 円超　70,000 円以下	（払込保険料×1/4）＋17,500 円
	70,000 円超	一律 35,000 円

新契約の生命保険料・個人年金保険料・介護医療保険料の控除額（2012年1月1日から）

	年間正味払込保険料	控　除　額
所得税	20,000 円以下	払込保険料全額
	20,000 円超　40,000 円以下	（払込保険料×1/2）＋10,000 円
	40,000 円超　80,000 円以下	（払込保険料×1/4）＋20,000 円
	80,000 円超	一律 40,000 円
住民税	12,000 円以下	払込保険料全額
	12,000 円超　32,000 円以下	（払込保険料×1/2）＋6,000 円
	32,000 円超　56,000 円以下	（払込保険料×1/4）＋14,000 円
	56,000 円超	一律 28,000 円

たなけんポイント
旧契約と新契約の両方の契約があっても、所得税の控除額の上限は 12 万円です。

例題

夫Aさんが、2024年中に支払った次の①および②の生命保険契約について、所得税における生命保険料控除額はいくらか。

〈2024年中に支払った生命保険料の資料〉

①定期保険（無配当・新生命保険料）	②医療保険（無配当・介護医療保険料）
契約日：2021年5月1日	契約日：2016年8月1日
契約者：夫A	契約者：夫A
被保険者：夫A	被保険者：夫A
死亡保険金受取人：妻B	死亡保険金受取人：妻B
2024年中の支払保険料：72,000円	2024年中の支払保険料：30,000円

2024年分の生命保険料控除額
① 72,000円×1/4＋20,000円＝38,000円（一般）
② 30,000円×1/2＋10,000円＝25,000円（介護医療）
合計　63,000円

確認問題

□□□**問1** 2024年中に契約した生命保険に付加されている傷害特約に係る保険料は、個人年金保険料控除の対象となる。

□□□**問2** 所得税において、個人が2024年中に締結した生命保険契約に基づく支払保険料のうち、（　　）に係る保険料は、介護医療保険料控除の対象となる。
1）傷害特約　　　2）定期保険特約　　　3）先進医療特約

- -

解答

問1 ✕ 2012年1月1日以降に契約した**傷害特約**に係る保険料は、生命保険料控除の対象とはなりません。

問2 3 先進医療特約などの医療特約は介護医療保険料控除の対象となります。

11 個人の生命保険金と税金

1 非課税となる保険金・給付金

　保険金や給付金のうち、次のものについて、受取人が本人・配偶者・直系血族・生計を一にする親族、指定代理請求人の場合は、非課税となります。

●入院給付金、高度障害保険金、手術給付金、特定疾病保険金、民間介護保険の一時金や年金、診断給付金　など——身体の治療に要した費用に税金を課するのは酷
●リビング・ニーズ特約保険金

2 死亡保険金の課税関係

死亡保険金を受け取った場合の課税関係は次のとおりです。

契約者 （＝保険料負担者）	被保険者	保険金受取人	課税される税金
A	A	B（法定相続人の場合）	相続税
例）A（父）が死亡して、B（母）が保険金を受け取った			
A	B	A	所得税、住民税 （一時所得）
例）B（母）が死亡して、契約者であるA（父）自身が保険金を受け取った			
A	B	C	贈与税
例）B（母）が死亡して、保険料負担（A）を していないC（子）が保険金を受け取った			A（親）がC（子）に 贈与したイメージ

3 満期保険金の課税関係

満期保険金を受け取った場合の課税関係は次のとおりです。

契約者 （＝保険料負担者）	被保険者	保険金 受取人	課税される税金
A	誰でも 被保険者の死亡などで保険金を受け取るわけではないので、被保険者は誰でもよい	A	所得税、住民税 （一時所得）

例）A が契約している保険が満期を迎えて、A が保険金を受け取った

契約者 （＝保険料負担者）	被保険者	保険金 受取人	課税される税金
A	誰でも	B	贈与税

例）A（父）が契約している保険が満期になり、B（子）が保険金を受け取った

一時払養老保険の課税関係

一時払養老保険等のうち、次の要件を満たすものについては**金融類似商品**として扱われ、差益に対して 20.315%の源泉分離課税となります。

 参照 P194

- ●契約者（保険料負担者）＝受取人であること
- ●保険期間が 5 年以下の一時払養老保険等の満期保険金、または保険期間が 5 年超の一時払養老保険等を 5 年以内に解約した場合の解約返戻金であること

12 法人契約の生命保険

法人が契約者となる生命保険は、次のような目的で活用します。

● 役員・従業員の退職金の準備
● 遺族への保障
● 事業を継続するための資金の確保 　など

1 法人契約の生命保険料

1 法人契約の原則的な経理処理

　法人契約の一般的な生命保険契約では、法人が契約者（＝保険料負担者）、役員や従業員が被保険者となります。支払保険料の経理処理としては、契約形態、保険の種類、保険料の支払い方法により、損金算入となるか資産計上になるかが異なります。

支払保険料の経理処理

保険の種類	保険金受取人	
	法人	役員・従業員または役員・従業員の遺族
貯蓄性のない保険（定期保険等の掛捨て型保険）	損金算入（支払保険料）	損金算入（福利厚生費※）
貯蓄性のある保険（養老保険・終身保険等）	資産計上（保険料積立金）	損金算入（給与・報酬）

※特定の役員・従業員のみが被保険者の場合は「給与・報酬」となる

●損金はうれしい？

　法人税を学習したことのない人は、「損金」に「損」の字がつくので悪いイメージがあるかもしれません。損金とは「経費」のことです。法人税は「益金－損金（収入－経費のイメージ）」で計算した所得に対して課されます。「損金」が増えるということは、所得が減少し、課税される法人税が減るので節税面からメリットがあります。一方で、「資産計上」は所得を減少させる効果がないため、節税面でみるとメリットがありません。

② 定期保険と第三分野保険（2019 年 7 月 8 日以後の契約）

　法人が契約者となり、役員または従業員を被保険者とする定期保険または第三分野保険において、保険料に一定割合以上の前払保険料が含まれる場合、最高解約返戻率が 50％超で保険期間が 3 年以上の定期保険等については、支払保険料の一部が一定期間まで資産計上されます。ただし、保険期間が 3 年未満など、一定の要件を満たさない場合は、原則どおり全額が損金算入されます。

保険期間を通じて解約返戻率が最も高い割合となる期間におけるその割合

最高解約返戻率	50％以下	50％超 70％以下	70％超 85％以下	85％超
保険期間の前半40％	全額損金算入	40％資産計上（前払保険料）60％損金算入	60％資産計上（前払保険料）40％損金算入	省略
保険期間の中盤35％		全額損金算入		
保険期間の後半25％		支払保険料を全額損金算入し、かつ、前半40％の期間に資産計上した前払保険料を均等に取り崩して損金算入		

　法人保険では、保険料を損金計上して利益を減らし、節税しようとする契約もあったため、損金処理できる保険料に制限をかけています。

❸ 養老保険（ハーフタックス・プラン）

　法人契約の養老保険のうち、**満期保険金受取人は法人、死亡保険金受取人は役員・従業員の遺族**という契約は、支払保険料の2分の1が損金算入（福利厚生費）となります。これを*ハーフタックス・プラン*といいます。

契約者	保険料	被保険者	満期保険金受取人	死亡保険金受取人
法人	$\frac{1}{2}$ 資産計上（保険料積立金） $\frac{1}{2}$ 損金算入（福利厚生費※）	役員・従業員	法人	役員・従業員の遺族

※特定の役員・従業員のみが被保険者の場合は「給与・報酬」となる。

❹ 長期平準定期保険

　長期平準定期保険とは、満期が95歳～100歳などの長期の保険契約が設定される法人向けの生命保険です。

　長期平準定期保険の**単純返戻率**（解約返戻金額÷払込保険料累計額）は、保険期間内でピークを迎え、保険期間満了時には解約返戻金額がゼロとなるため、単純返戻率も*ゼロ*となります。

　なお、2019年7月8日以降の契約における経理処理は❷**定期保険と第三分野保険**のとおりですが、2019年7月7日までに契約した一定の要件を満たす長期平準定期保険（死亡保険金受取人は法人）は、次のように経理処理します。

保険期間の前半6割相当	・2分の1資産計上（前払保険料） ・2分の1損金算入（定期保険料）
保険期間の後半4割相当	・全額を損金算入（定期保険料） ・資産計上していた前払保険料を期間の経過に応じて取り崩し、損金算入

ひとこと

　　長期平準定期保険を払済終身保険に変更し、契約者（法人）を被保険者（経営者・役員）に名義変更することで、退職金の一部として現物支給できます（経理処理が必要）。

2 法人が受け取る保険金・解約返戻金

　法人が受け取る死亡保険金・満期保険金・解約返戻金は、それまで資産計上していた保険料積立金を取り崩し、保険金（解約返戻金）との差額を雑収入または雑損失として計上します。

> 保険金（解約返戻金）－資産計上額＝プラス　⇒　雑収入
> 保険金（解約返戻金）－資産計上額＝マイナス　⇒　雑損失

例（終身保険）

　死亡保険金5,000万円の終身保険を法人が受け取った場合の経理処理（払込保険料4,000万円）

借方 （かりかた）		貸方 （かしかた）	
現金・預金	5,000万円	保険料積立金	4,000万円
		雑収入	1,000万円

簿記では、経理処理（仕訳）の左側を「借方（資産の増加など）」、右側を「貸方（資産の減少、収益の計上など）」という

例（長期平準定期保険）

　A社が2009年5月に新規契約した長期平準定期保険を解約した場合の経理処理（配当等は考慮しない）

〈資料〉

- 契約者（＝保険料負担者）：A社
- 被保険者：Bさん（65歳）
- 契約日：2009年5月1日
- 保険期間・保険料払込期間：95歳満了
- 年払保険料：250万円
- 現時点の払込保険料累計額：3,750万円
- 現時点の解約返戻金額：3,000万円

借方		貸方	
現金・預金	3,000万円	前払保険料	1,875万円※
		雑収入	1,125万円

※ 2019年7月7日以前の契約であり、前半6割相当期間なので、2分の1を前払保険料として処理（3,750万円÷2＝1,875万円）

確認問題

□□□**問1** 長期平準定期保険の単純返戻率（解約返戻金額÷払込保険料累計額）は、保険期間の経過に伴って徐々に上昇し、保険期間満了時にピークを迎える。

□□□**問2** X社が現在加入している長期平準定期保険に関する次の説明について適切か不適切か判定しなさい。

> 契約年月日：2012年6月1日
> 契約者（＝保険料負担者）：X社
> 被保険者：Aさん（55歳）
> 保険期間・保険料払込期間：95歳満了
> 65歳時の解約返戻金額：5,500万円
> 65歳時の払込保険料累計額：6,000万円

X社が当該生命保険をAさんが65歳のときに解約した場合、解約時点における払込保険料累計額と解約返戻金額との差額を雑損失として経理処理をする。

- -

解答

問1 ✕ 長期平準定期保険の単純返戻率は、保険期間内でピークを迎え、保険期間満了時には解約返戻金額がゼロとなるため、単純返戻率もゼロとなります。

問2 ✕ 2019年7月7日までに契約した長期平準定期保険は、前半60%の期間に支払った保険料の2分の1を定期保険料（損金）、残りの2分の1を前払保険料（資産）として経理処理をします。65歳時の払込保険料累計額6,000万円のうち、2分の1の3,000万円が前払保険料として資産に計上されます。解約返戻金額5,500万円との差額2,500円は雑収入（益金）として経理処理をします。

借　方		貸　方	
現金・預金	5,500万円	前払保険料	3,000万円
		雑　収　入	2,500万円

13 損害保険の基礎知識

1 損害保険料のしくみ

　損害保険は、生命保険と同様に「大数の法則」と「収支相等の原則」に基づきます。「収支相等の原則」では、純保険料の総額と保険金の総額が等しくなるように計算されます。また、損害保険会社を営むための費用である「付加保険料」もあります。さらに損害保険では、次の2つの原則があります。

給付・反対給付均等の原則	保険料や保険金は、被保険者のリスクの大きさと事故発生の確率に応じたものでなければならないという原則
利得禁止の原則	被保険者は、実際の被害額（実損てん補）以上に保険金を受け取ってはならないという原則

2 保険金額と保険価額

　損害保険は保険金額と保険価額との関係によって、「超過保険」「全部保険」「一部保険」に分けられます。

超過保険 （保険金額＞保険価額）	保険価額よりも保険金額が多い保険
	保険価額を上回る保険金額は無効となり、保険価額を限度として損害額が支払われる（実損てん補）
全部保険 （保険金額＝保険価額）	保険価額と保険金額が同じ保険
	保険金額を限度にして、実際の損害額が支払われる（実損てん補）
一部保険 （保険金額＜保険価額）	保険価額よりも保険金額が少ない保険
	保険金額と保険価額との割合に応じて、保険金が減額される（比例てん補）

● 保険価額

　保険の対象となっている建物や家財などを金銭で評価した場合の最大見積額のこと

　保険価額には、「新価」と「時価」という 2 通りの考え方がある

<u>新価</u>

　同等のものを新たに建築あるいは購入するのに必要な金額（再調達価額）

<u>時価</u>

　再調達価額（新価）から「経過年数による価値の減少と使用による消耗分」を差し引いた現在の金額

● 保険金額

　保険価額に一定の比率を乗じて算出したものであり、保険事故によって損失が発生した場合に、保険会社が支払う金額のこと

● 比例てん補

　損害保険契約において保険者（保険会社）が保険金額の保険価額に対する割合をもって損害をてん補すること。たとえば保険価額 1,000 万円の建物に対し、保険金額 600 万円（60%の補償）で火災保険に加入すると、火災時に 600 万円の損害が発生したとしても、比例てん補で 360 万円（600 万円×60%）しか支払われない

3　通知義務

　保険契約者または被保険者は、契約後、その契約の重要事項等に変更があった場合、遅滞なく、保険会社に通知する義務があります。

14 損害保険の商品

1 火災保険

1 火災に関する法律

　軽過失による火災（失火）によって隣家を延焼させてしまった場合、失火責任法が適用され、隣家に対して損害賠償責任を負う義務はありません。

　ただし、借家人が借家を焼失させた場合は、家主に対して損害賠償責任を負います。

失火の原因	隣家への賠償	家主への賠償
軽過失による失火 └ちょっとした不注意	損害賠償責任を負わない （失火責任法の適用）	損害賠償責任を負う （民法の債務不履行責任）
●重過失または 　故意による失火 ●爆発による失火	損害賠償責任を負う （民法の不法行為責任）	

2 火災保険の商品性

　火災保険は、建物や家財などの火災等による損害を補償する保険です。

●落雷、風災（突風）、消防活動による水濡れも対象
●地震・噴火・津波およびそれらを原因とする火災を補償するためには、特約として地震保険への加入が必要

　火災保険は、住宅総合保険をはじめとして、各損害保険会社が独自に商品を発売しています。

2 地震保険

　地震保険は、地震・噴火およびこれらによる津波を原因とする火災や損壊などによる損失を補償する保険です。

　地震保険は**単独で契約はできません。火災保険に付帯して契約**をします。

保険の対象	● 居住用建物（店舗併用住宅も可）とその家財 　└ 会社の事務所などは対象外 ● 1個（または1組）30万円を超える貴金属や自動車は対象外
保険料	● 建物の構造や地域によって異なる ● 築年数や免震・耐震性能に応じて「**建築年割引**」（10%）「**耐震等級割引**」（最大50%）「**耐震診断割引**」（10%）「**免震建築物割引**」（50%）の4種類の割引がある。重複適用はできない
保険金額の範囲	主契約の**火災保険金額の30〜50%**の範囲内 　└ たとえば火災保険に3,000万円の保険金をかけている場合、地震保険は900万円〜1,500万円
保険金額の上限	建物**5,000万円**、生活用動産（家財）**1,000万円**
支払われる保険金	保険金額に対して**4段階**の支払い 全損＝100%、大半損＝60%、小半損＝30%、一部損＝5%

　地震保険は、民間の保険会社から国が再保険として受け入れているため、どの保険会社で加入しても保険料は同じです。

3 自動車保険

　自動車保険には**強制加入**の「自動車損害賠償責任保険（自賠責保険）」と**任意加入**の自動車保険があります。

① 自動車損害賠償責任保険（自賠責保険）

　自賠責保険は、すべての自動車（原動機付自転車を含む）の所有者に加入が義務付けられている保険で、他人を死傷させた（**対人賠償**）場合にのみ保険金が支払われます。

保険金の支払限度額

死亡事故	被害者 1 人当たり 3,000 万円
傷害事故	被害者 1 人当たり 120 万円 後遺障害がある場合 …… 75 万円～4,000 万円

② 任意加入の自動車保険

　自賠責保険は対人賠償のみが保険の対象となり、運転手自身がケガをした場合や物を壊した場合などの補償はありません。そのため、自賠責保険で補償されない部分を**任意加入**の自動車保険でカバーします。

賠償責任 保険	**対人賠償保険**	自動車事故によって、他人を死傷させた場合、自賠責保険の支払金額を超える部分に対して支払われる
		配偶者・父母・子の死傷は対象外
	対物賠償保険	自動車事故によって他人の車やペット、ガードレールを破損等させた場合に支払われる
		配偶者・父母・子の財物は対象外
車両保険	**車両保険**	自らの車両に発生した損害を補償する
		洪水により自動車が水没したことによる損害や、自損事故（一般条件の場合）も補償する
その他	**人身傷害 補償保険**	自動車事故によって搭乗者が死傷した場合に、搭乗者の過失割合にかかわらず、保険金額を限度に損害額の全額が支払われる保険。ひき逃げなども対象

ひとこと

　運転者本人がケガをした場合に支払われるのは、人身傷害補償保険のみです。

ひとこと

　自賠責保険では、自分の家族（配偶者・父母・子）が被害者でも条件を満たせば補償されますが、任意加入の保険（対人賠償保険・対物賠償保険）では補償されません。

4 傷害保険

　傷害保険は、急激かつ偶然な外来（内発的ではない）の事故によるケガを負った場合に、保険金が支払われます。一方で、病気はケガではないので対象外です。

普通傷害保険	国内外および勤務中を問わず傷害を補償する。加入者の年齢や性別による保険料の違いはない
	例）海外旅行中に階段を踏み外して転倒したことによる骨折
家族傷害保険	普通傷害保険と同じ補償を、生計を一にする家族（保険期間中に生まれた子や別居の未婚の子を含む）まで対象とした保険
国内旅行（傷害）保険 海外旅行（傷害）保険	自宅を出てから帰宅するまでに被った傷害を補償

　傷害保険の種類によって補償の対象は次のように異なります。

	細菌性食中毒	地震・噴火・津波によるケガ
普通（家族）傷害保険	×	×
国内旅行傷害保険	○	×
海外旅行傷害保険	○	○

5 個人賠償責任保険

　個人賠償責任保険とは、偶然の事故で他人の財産や身体を傷つけて、損害賠償責任を負った場合に補償する保険です。

個人賠償責任保険	個人が日常生活のなかで、法律上の賠償責任を負った場合に補償する
	例）飼い犬が通行人にかみついてケガをさせた
	● 本人のほか、生計を一にする家族（別居の未婚の子を含む）の賠償責任も補償 ● 業務上の事故は対象外 ● 自動車（原動機付自転車）事故は対象外（自転車事故は対象） ● 借り物や預かり品の損壊は原則対象外 ● 地震・噴火・津波等による損害は対象外

6 企業活動に関する保険

　企業は偶然の事故などにより事業を休止せざるを得ない場合などのリスクがあります。そのため、個人とは異なる法人向けの保険があります。

	生産物賠償責任保険（PL保険）	製造物の欠陥により、その製品の使用者である顧客などが身体の障害や財物の損壊を被った場合に賠償責任を補償する
賠償責任		例）レストランの料理で食中毒が発生した
	施設所有（管理）者賠償責任保険	施設の所有管理に起因する事故が発生した場合の賠償責任を補償する
		例）施設内の遊具から来場者が転落し、損害賠償責任を負った
	受託者賠償責任保険	他人から預かった物に対する賠償責任を補償する
		例）ホテルのクロークで顧客から預かった荷物を紛失した
その他	企業費用・利益総合保険	偶然の事故により、施設・設備などの活動または営業が休止した場合に被る喪失利益などを補償する
	労働災害総合保険	従業員が業務上の災害（労災事故）によって損害を受けた場合に、労災保険の上積み補償をする

□□□**問1** 自動車保険の人身傷害保険では、被保険者が被保険自動車を運転中、自動車事故により負傷した場合、損害額から自己の過失割合に相当する部分を差し引いた金額が補償の対象となる。

□□□**問2** 個人賠償責任保険（特約）では、被保険者が（　）、法律上の損害賠償責任を負うことによって被る損害は、補償の対象となる。
1）業務中に自転車で歩行者に衝突してケガをさせてしまい
2）自動車を駐車する際に誤って隣の自動車に傷を付けてしまい
3）買い物中に誤って商品を落として破損させてしまい

□□□**問3** スーパーマーケットを経営する企業が、火災により店舗が全焼し、休業した場合の利益損失を補償する保険として、（　）がある。
1）請負業者賠償責任保険
2）企業費用・利益総合保険
3）施設所有（管理）者賠償責任保険

解答

問1 ✕ 自動車保険の人身傷害保険では、自己の過失割合に**かかわらず**、保険金額を限度に実際の損害額が補償されます。

問2 3 個人賠償責任保険（特約）では、自動車事故や業務上の事故は対象外です。

問3 2 企業費用・利益総合保険は、営業が休業した場合に被る利益損失を補償する保険です。

15 損害保険と税金

1 地震保険料控除

🔍参照 P122

　個人が地震保険料を支払った場合、所得税・住民税を計算する際、次の金額が控除（所得控除）されます。

所得税	地震保険料の**全額**（最高 50,000 円）
住民税	地震保険料の**2分の1**（最高 25,000 円）

2 個人が受け取る保険金と税金

　個人が受け取る保険金は、損失を補てんする目的であるため、原則として非課税です。

- 建物の火災によって受け取った火災保険金
- 自動車事故によって受け取った車両保険金、対人賠償保険金
- 契約者（＝保険料負担者）と同居している子がケガをしたことにより受け取った入院給付金　など

　ただし、傷害保険・人身傷害補償保険等の死亡保険金・満期返戻金・解約返戻金・年金給付は生命保険の課税関係と同様の**課税対象**となります。

🔍参照 P112~113

第三分野の保険

第三分野の保険とは、生命保険（第一分野）、損害保険（第二分野）の中間に位置する保険のことをいいます。第三分野の保険は、生命保険会社と損害保険会社の両方が取り扱うことができます。

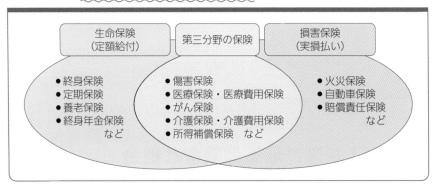

1 医療保険

医療保険は、病気やケガで入院したときや所定の手術を受けた場合に、給付金が支給されるものです。近年は医療技術の進歩により、入院日数が短期化されています。

●退院の翌日から 180 日以内に同じ病気で再入院した場合は 1 回の入院とみなす

 所得補償保険

病気やケガにより働けなくなったときの収入の減少に備える保険です。

所得補償保険と収入保障保険（**参照** P098 ）は商品性が似ています。

所得補償保険は、ケガや病気で働けなくなった場合の収入減に備える保険であり、**収入保障保険**は死亡や高度障害状態になった場合に受け取れる保険となっています。

2 がん保険 Ⓐ

がん保険は、がんと診断されると診断給付金、入院をすると入院給付金、手術をすると手術給付金が支払われるものです。先進医療の治療を受けた場合、技術料は全額自己負担となるため、先進医療特約の付加も検討する価値があります。

保険料は、有期払いより終身払いのほうが安くなります。

●通常、3ヵ月または90日の免責期間（保障を受けられない期間）があり、免責期間中にがんと診断されても給付金等は支払われない
●免責期間経過後の入院給付金や手術給付金は、通常、1回の入院および通算の支払限度日数や回数に制限はない（無制限）

2024 年中に初めてがん（悪性新生物）と診断され、がんの治療のために 30 日入院しがんにより死亡した。その間に手術（給付倍率 20 倍）を 1 回受けている。2024 年中に支払われる保険金および給付金はいくらか。

- がん入院給付金　：日額 10,000 円（1 日目から）
- がん通院給付金　：日額 5,000 円
- がん診断給付金　：100 万円
- 手術給付金　　　：手術の種類に応じて入院給付金日額の 10 倍・20 倍・40 倍
- 死亡給付金　　　：がん入院給付金日額の 100 倍

がん診断給付金　：		100 万円
がん入院給付金：10,000 円×30 日	＝	30 万円
手術給付金　　：10,000 円×20 倍	＝	20 万円
死亡給付金　　：10,000 円×100 倍	＝	100 万円
合計　　　　　：		250 万円

実技試験に チャレンジ!

保険証券の見方

〈資　料〉

定期保険特約付終身保険		保険証券記号番号　○○-○○○○○○	
保険契約者	千代田　一郎　様	保険契約者印 千代田	◇契約日 2013 年 12 月 1 日
被保険者	千代田　一郎　様 1980 年 1 月 1 日生　男性　契約年齢 33 歳		◇主契約の保険期間 終身
受取人	(死亡給付金) 千代田　美咲　様（妻）	受取割合 10 割	◇主契約の保険料払込期間 60 歳払込満了

◇ご契約内容

終身保険金額（主契約保険金額）	100 万円
定期保険特約保険金額	1,300 万円
特定疾病保障定期保険特約保険金額	400 万円
傷害特約保険金額	350 万円
災害入院特約［本人・妻型］入院 1 日目から	日額 5,000 円
疾病入院特約［本人・妻型］入院 1 日目から	日額 5,000 円

※不慮の事故や疾病により、所定の手術を受けた場合、手術の種類に
　応じて手術給付金（入院給付金日額の 10 倍・20 倍・40 倍）を支払
　います。

リビング・ニーズ特約

◇お払い込みいただく合計保険料

毎回　△△△△円

［保険料払込方式］
月払い

問　仮に、一郎さんが 2024 年中にぜんそく発作で死亡（急死）した場合に支
払われる死亡保険金はいくらか。

解答・解説

答 1,800万円

　特定疾病保障保険は、がん、急性心筋梗塞、脳卒中によって所定の状態になった場合に、生存中に死亡保険金と同額の保険金が支払われる保険です。また、特定疾病保障保険金を受け取らずに死亡した場合には、死亡原因にかかわらず、死亡保険金が支払われます。

　したがって、千代田一郎さんがぜんそく発作で死亡した場合、支払われる死亡保険金は次のとおりです。

終身保険金額（主契約保険金額）	100万円
定期保険特約保険金額	1,300万円
特定疾病保障定期保険特約保険金額	400万円
〈合計〉	1,800万円

3章 金融資産運用

株式や債券のしくみを知って投資の魅力を理解しよう！

 学科 重要論点 BEST **3**

経済・景気の指標 …… GDP や景気動向指数
株式 …… PER や PBR の計算、日経平均株価などの投資指標
債券 …… 利回り計算、債券のリスク

 実技 重要論点 BEST **3**

【 金財　個人資産相談業務 】
株式 …… PER、PBR、ROE の計算問題
債券 …… 債券の利回り計算
金融商品の税金 …… NISA

【 金財　保険顧客資産相談業務 】
出題なし

【 日本 FP 協会　資産設計提案業務 】
株式 …… PER、PBR、ROE の使い方
投資信託 …… 購入費用や分配金（普通分配金、元本払戻金）の計算
預金保険制度 …… 保護される金額の計算

1 経済・景気に関する指標

資産運用にあたっては、景気や経済の状況がもたらす影響の理解が不可欠です。まずは、経済や景気の状況を示す代表的な指標を学習しましょう。

1 GDP（国内総生産）

GDP（Gross Domestic Product）とは、国内で生産された財やサービスの付加価値の総額のことをいいます。

└ 経済活動を通じて新たに加わった価値

└ 日本企業が海外支店で生産した付加価値は含まない

GDP のうち、物価変動を加味したものを名目 GDP、物価変動要因を取り除いたものを実質 GDP といいます。そして、GDP の増加率を経済成長率といいます。内閣府が四半期ごと（年4回）に公表しています。

2 景気動向指数

景気動向指数とは、景気に敏感な生産や雇用などに関する指標を統合したものをいいます。内閣府が毎月公表しています。

景気動向指数は、景気に対して先行して動く・一致して動く・遅れて動くの3系列に分類して算出されます。

たとえば、「東証株価指数」は将来の景気に対する予想で動くので先行系列です。

「有効求人倍率」は、労働需要の面から景気にほぼ一致するので一致系列です。

先行系列	東証株価指数、新規求人数（除学卒）など 11種
一致系列	有効求人倍率 など 10種
遅行系列	完全失業率、消費者物価指数 など 9種

指数には、CI（コンポジット・インデックス）とDI（ディフュージョン・インデックス）の2つがあります。

CIは2020年を基準年とした景気変動の量感を示し、DIは3ヵ月前と比べて改善している指数の割合を示します。CIの一致指数が上昇しているときは景気の拡張局面（低下していれば後退局面）といえます。景気動向指数ではCIが重視されています。

3 日銀短観（全国企業短期経済観測調査）

日銀短観とは、日本銀行が四半期ごとに、全国約1万社の企業に業況を調査して発表するものです。

日銀短観の中でも、現状よりも先行きの業況が「良い」と判断した企業の割合から「悪い」と判断した企業の割合を差し引いた業況判断DIが注目されています。

4 消費者物価指数

消費者物価指数とは、一般消費者が購入する財やサービスの価格変動を表した指標で、公的年金等の算定にも影響を与えます。総務省が毎月公表しています。

5 企業物価指数

企業物価指数とは、企業間の取引や貿易取引における財の価格変動を表した指標です。

日本銀行が毎月公表しています。

為替や原油、輸入穀物などの原材料価格の変動は、企業物価指数にはすぐに影響を与えますが、それが小売価格に反映されて消費者物価指数に影響を与えるまでには時間がかかります。このように、企業物価指数は消費者物価指数よりも早く動く傾向にあります。

6　完全失業率

完全失業率とは、労働力人口に占める完全失業者の割合です。
総務省が毎月公表しています。

7　マネーストック統計

マネーストック統計とは、個人、法人（**金融機関を除く**）、地方公共団体（**中央政府を除く**）が保有する通貨量の残高をとらえる指標です。
日本銀行が毎月公表しています。

確認問題

□□□**問1**　景気動向指数において、東証株価指数は、（　　）に採用されている。
　　　　1）先行系列　　2）一致系列　　3）遅行系列

□□□**問2**　一般法人、個人、地方公共団体などの通貨保有主体が保有する通貨量の残高を集計したものを（①）といい、（②）が作成・公表している。
　　　　1）①マネーストック　　②財務省
　　　　2）①マネーストック　　②日本銀行
　　　　3）①GDP　　　　　　　②日本銀行

解答

問1　**1**　東証株価指数は、景気に先行して動く先行系列です。

問2　**2**　マネーストックは日本銀行が作成・公表します。

2 マーケットの変動要因

　景気、金利、物価、為替などは、互いの要因が複合的に関連して変動します。それらの関係性を理解することが重要です。

1 景気と金利

　景気が良くなると消費者の購買意欲が増します。それに伴って、企業も多くの商品を生産すべく新たな設備投資を行うため、お金を借りたい企業が増えます。借りたい側が増えると世の中のお金が減るため、お金の使用料ともいえる金利が上昇します。

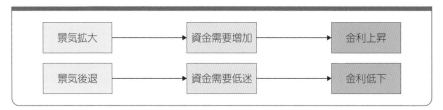

2 物価と金利

　物価が上昇（**インフレーション**）すると、商品を購入するためにより多くのお金が必要になり、お金の需要が高まります。それにより高い金利でも借りたいという人が増えるため、金利が上昇します。逆に物価が下落（**デフレーション**）すると、商品を購入するのに多くのお金を必要としなくなるので、需要は下がります。それにより金利は低下します。

● インフレーション（インフレ）とデフレーション（デフレ）

インフレとデフレは物価の上昇と下落という**反対**の関係にあります。

インフレ	物の価値が継続的に<u>上昇</u>し、お金の価値が<u>低下</u>すること
デフレ	物の価値が継続的に<u>下落</u>し、お金の価値が<u>上昇</u>すること

どうして？

●お金の価値が下がる（インフレ）とは？

たとえば1個100円で買えるパンがあったとして、1年後に同じパンが1個110円になったとします。同じパンなのに10円を余計に支払わなくてはなりません。これはパンの価値（物価）が上昇し、お金の価値が下がったと考えられます。

---

3 為替と金利

A国の金利が上昇し、B国の金利が低下した場合、A国に資金を移動したほうが利息収入が増えるため、A国の通貨を保有したいという需要が増えます。その結果、A国はB国に比べて<u>為替相場</u>が上昇（米国の金利が日本と比

└ **異なる通貨を交換する際の交換比率**

べて上昇したならば「ドル高／円安」）します。 🔍参照 P167

3 日本銀行の金融政策

1 日本銀行とは

　日本銀行（日銀）は、わが国の中央銀行としての役割を担っています。主な役割は①お札（日本銀行券）の発行②物価の安定③金融システムの安定です。

　特に、金融政策は物価の安定を図るために重要な役割を果たしています。

2 金融政策

　金融政策とは、公開市場操作などの手段を用いて、市場における金利の上げ下げや、流通している通貨量を増減させる政策のことです。

　公開市場操作には、買いオペレーションと売りオペレーションがあります。

	操作方法	効果
買いオペレーション （金融緩和）	日銀が金融市場から国債などを購入し、金融市場に資金を供給（増加）する	資金を供給（金融緩和）をすることで、金利低下効果を生む
売りオペレーション （金融引締め）	日銀が金融市場で国債などを売却し、金融市場から資金を吸収（減少）する	資金を吸収（金融引締め）することで、金利上昇効果を生む

たなけんポイント
　日本銀行は2024年3月の金融政策決定会合で、長らく続けてきた大規模な金融緩和策を変更することを決定しました。

確認問題

□□□**問1**　日本銀行の金融政策の１つである公開市場操作（オペレーション）のうち、国債買入オペは、日本銀行が長期国債（利付国債）を買い入れることによって金融市場から資金を吸収するオペレーションである。

□□□**問2**　日本銀行の金融政策の１つである（　①　）により、日本銀行が長期国債（利付国債）を買い入れた場合、市中に出回る資金量が（　②　）する。
1）①預金準備率操作　②増加
2）①公開市場操作　②増加
3）①公開市場操作　②減少

解答

問1　✕　国債の買いオペレーション（国債買入オペ）は、日本銀行が長期国債（利付国債）を買い入れることによって金融市場の資金量を増やすオペレーションです。

問2　2　日本銀行が公開市場操作により長期国債（利付国債）を買い入れた場合、市中に出回る資金量は増加します。

4 金融商品の全体像

　ここからは金融商品を見ていきます。これに先立ち、金融商品の全体像を「リスクとリターン」の関係からイメージしておくことが必要です。

　金融商品は、リスクが小さい商品ほどリターンも小さい、リスクが大きい商品ほどリターンも大きいという**トレードオフ**の関係になっています。

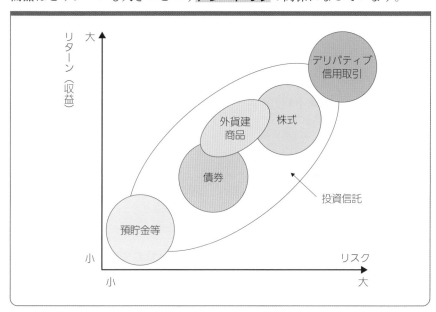

● **リスク**

　金融商品でいう「リスク」とは、一般に使われる「危険度合い」とは異なり、収益がプラスになるかマイナスになるかわからない不確実な「**変動幅の大きさ**」という意味

● **有価証券**

　株式・債券などを指し、それ自体に財産的価値を有するもの

5 貯蓄型金融商品

貯蓄型金融商品は、通常、元本が保証されており、リスクの小さい商品です。例えば銀行の普通預金なども貯蓄型金融商品にあたります。

1 貯蓄型金融商品の基本知識

1 固定金利と変動金利

固定金利とは、預入れから満期まで金利が変わらないことをいいます。
変動金利とは、市場金利の変化に応じて金利が変動することをいいます。

2 単利と複利

金融商品の利息のつき方には、単利と複利の2種類があります。

（1）単利

単利とは、当初の元本のみが利息を生み出す計算方法です。

n 年後の元利合計＝元本＋元本×利率× n 年

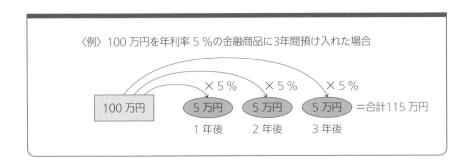

〈例〉100 万円を年利率 5 ％の金融商品に3年間預け入れた場合

100 万円 ×5％ → 5 万円（1 年後） ×5％ → 5 万円（2 年後） ×5％ → 5 万円（3 年後）＝合計115 万円

(2) 複利

　一定期間ごとに支払われる利息を元本に含め、これを新しい元本として計算する方法です。利息が再投資されるため、単利より元利合計の増加は大きくなります。

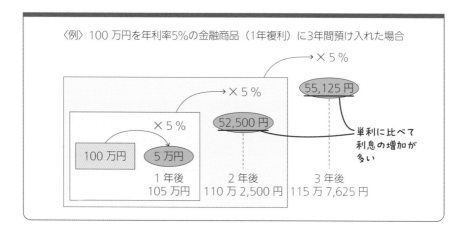

$$n \text{ 年後の元利合計} = \text{元本} \times (1 + \text{利率})^n$$

〈例〉100万円を年利率5%の金融商品（1年複利）に3年間預け入れた場合

×5%

×5%

55,125円

×5%

52,500円

100万円　　5万円

単利に比べて利息の増加が多い

1年後
105万円

2年後
110万2,500円

3年後
115万7,625円

例題

　100万円を年利率5%の金融商品（1年複利）に3年間預け入れた場合の元利合計額（税金は考慮しない）はいくらか。

- -

100万円×$(1+0.05)^3$＝<u>115万7,625円</u>

ひとこと

　複利商品には、1年複利のほか1ヵ月複利や6ヵ月複利もあります。
　金利や期間が同じであれば、1年複利より利息の**再投資期間が短い**1ヵ月複利などのほうが**元利合計額が増えます**。

2 貯蓄型金融商品（預貯金）の種類

　預貯金の種類に関する出題はそれほど多くありません。代表的な商品とその特徴のみ押さえておきましょう。

　預金は大きく、流動性預金と定期性預金に分けることができます。

　流動性預金は満期がなく、いつでも出し入れ可能です。代表的な商品として普通預金があります。

　定期性預金は満期がある商品で、原則として満期まで払戻しに制限があります。

主な定期性預金

種類	特徴
スーパー定期預金	● 預入期間は 1ヵ月から 10 年まで ● 預入期間 3 年未満は単利型のみ。3 年以上は単利型と半年複利型（半年複利型は個人のみ利用可）
大口定期預金	● 固定金利 ● 預入金額は 1,000 万円以上
貯蓄預金	● いつでも出し入れ自由で、一定以上の残高があれば普通預金よりも高い金利が付く ● 普通預金とは異なり、公共料金の引き落としや給与・年金の受取口座には利用できない

3 ゆうちょ銀行の預入限度額

　ゆうちょ銀行は他の銀行と異なり、次のとおり預入限度額があります。

政府が株式の過半数を保有する日本郵政の子会社である
ゆうちょ銀行が民業圧迫となることを防ぐためです

通常貯金　：1,300 万円
定期性貯金：1,300 万円 　　　}合計 2,600 万円

6 債券

債券とは、発行体（国・地方公共団体・企業など）が投資家から資金調達（お金を借りる）のために発行する借用証書（有価証券）のことをいいます。

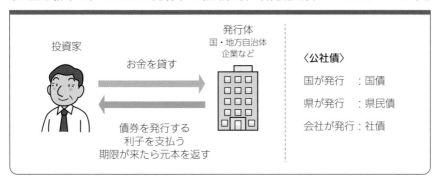

1 債券の用語 Ⓑ

① 額面金額と発行価格

額面金額とは、券面に記載される金額のことで、一般的には債券の最低申込単位のことです。同じ債券でも、5万円や10万円など異なる額面金額が発行されます。債券は必ずしも額面金額で発行されるわけではありません。

発行価格とは、債券を新規に発行する際の価格をいいます。発行価格は額面金額100円当たりで表示されます。

② 債券の償還

債券は日々売買されており、満期を迎える前に売却すると債券価格が変動します。一方、償還期限（満期）まで保有すると**額面**（100円）で償還されます。

債券を償還期限（満期）まで保有した場合、発行形態によって**償還差損益**が発生します。

オーバー・パー発行	**100円超**で発行⇒ 100円で償還⇒償還差損が発生
パー発行	100円で発行⇒ 100円で償還⇒償還差損益は発生しない
アンダー・パー発行	**100円未満**で発行⇒ 100円で償還⇒償還差益が発生

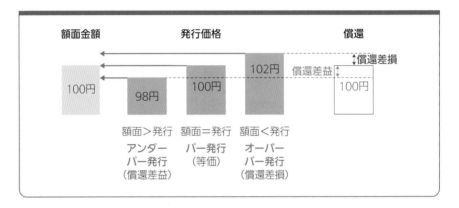

3 表面利率

表面利率とは、額面金額に対する利率（**クーポンレート**）のことをいいます。

ひとこと

　表面利率3%の場合の利息を計算してみましょう。表面利率は額面金額（100円）に対して計算されます。
額面100円×3%＝3円

4 利回り

利回りとは利率および償還差損益（投資額と額面金額との差額）の合計が、投資額に対してどの程度の割合かを示します。

ひとこと

●**表面利率と利回りの違い**

表面利率と利回りの違いは、計算例を挙げると理解しやすいです。

表面利率：額面 100 万円分を購入し、1 年後に 1％（1 万円）の利息を受け取る場合

額面 100 万円×**1%** ＝ 1 万円

利回り：額面 100 万円、利率 1％（1 万円）の債券を 94 万円で購入し、償還まで 3 年間保有する場合

購入日	利払日 （1年後）	利払日 （2年後）		償還日 （3年後）

94万円	1 万円	1 万円	100万円	1 万円

3 年間の利息収入 ……1 万円×3 年分＝3 万円
償還差益 ……額面（100 万円）－投資金額（94 万円）＝6 万円
利回り ……年間収益 3 万円（3 万円＋6 万円＝9 万円の 3 年平均）
　　　　　÷投資金額 94 万円×100 ≒ **3.19%**

2 債券の利回り計算 Ⓐ

利付債券の利回り計算には、保有期間に応じて**応募者利回り**、**最終利回り**、**所有期間利回り**があります。

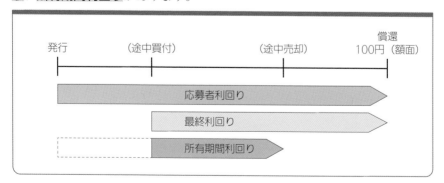

① 応募者利回り

新規発行された債券を購入し、償還期限まで保有した場合の利回りです。

$$応募者利回り(\%)=\dfrac{表面利率+\dfrac{額面(100円)-発行価格}{償還期間(年)}}{発行価格}\times100$$

1%の場合、額面100円×1%=1円

② 最終利回り

既発行の債券を購入し、償還期限まで保有した場合の利回りです。

$$最終利回り(\%)=\dfrac{表面利率+\dfrac{額面(100円)-買付価格}{残存期間(年)}}{買付価格}\times100$$

例題

表面利率3%、残存期間6年の既発債を98円で購入した場合の最終利回りは何%か。

$$\dfrac{3円+\dfrac{100円-98円}{6年}}{98円}\times100=3.401≒\underline{3.40\%}$$

③ 所有期間利回り

新発債や既発債を償還期限まで保有せず、途中で売却した場合の利回りです。

すでに市場に出回っている債券

$$所有期間利回り(\%)=\dfrac{表面利率+\dfrac{売却価格-買付価格(または発行価格)}{所有期間(年)}}{買付価格(または発行価格)}\times100$$

④ 直接利回り

直接利回りとは、債券の購入価格に対する 1 年間の利子の割合です。

$$直接利回り(\%) = \frac{表面利率}{買付価格} \times 100$$

例題

　表面利率 2.0%、償還期間 5 年の固定利付債が 100 円当たり 99 円で発行された場合の直接利回りは何%か。

$$\frac{2.0\,円}{99\,円} \times 100 ≒ \underline{2.02\%}$$

ひとこと

● **応募者利回り、最終利回り、所有期間利回りの計算式のしくみ**

　利回り計算の計算式を丸暗記するのは大変です。しかし、計算式を理解すれば容易に解けるようになります。先ほどの「最終利回り」の計算例で試してみましょう。①から④の順で計算します。

①保有期間中の償還差益：額面と買付価格の差額から算出

　……100 円－98 円＝2 円

②①の 1 年分の償還差益：①の償還差益を残存期間で割って算出

　……2 円÷6 年＝0.33 円…

③ 1 年間の収益合計：年利子に②を加えて算出

　……3 円＋0.33 円＝3.33 円

④利回り：③を買付価格で割る（×100）ことで算出

　……3.33÷98×100 ≒ 3.40%

償還（売却）差益があると…年利子より利回りは向上
償還（売却）差損があると…年利子より利回りは低下

債券には次のようなリスクがあります。

金利変動 (価格変動) リスク	金利変動により、債券価格が変動するリスク
	● 市場金利上昇 …… 債券価格下落（利回りは上昇） ● 市場金利下落 …… 債券価格上昇（利回りは下落）
信用 (デフォルト) リスク	発行体の財務状況に応じて、利子や償還の支払いができないリスク
	┌信用度の最も高い格付はAAA（S&Pの場合） ● 格付 が高いほど債券価格は高く、 利回り は低い ● 一般に **BBB**（トリプルB）**以上は投資適格債券**（信用力が高い）、BB（ダブルB）以下は投機的債券（信用力が低い）という

● 市場金利が上昇するとなぜ債券価格は下落？

　仮に表面利率が1%の債券Aがあったとします。その後、市場金利が上昇し表面利率が2%の債券Bが発行された場合、1%の債券Aは魅力が薄くなり、債券価格は下がります。

たなけん ポイント

● 格付が高いほど債券価格が高くなるのはなぜ？

　格付け（信用力）が高いのであれば、その債券を買いたいと思う人が多いので、債券の人気が高まり、債券価格は高くなります。高く買ってしまうと結果として利回りは低下します。

4 個人向け国債

債券のうち、代表的なものとして個人向け国債があります。

個人向け国債は、購入者を個人に限定した国債です。売却時は国が額面金額で買い取るため、価格変動リスクはありません。

		変動10年	固定5年	固定3年
	申込単位	額面1万円　1万円単位		
	利払い	年2回（半年ごとに1回）		
表面利率	適用利率	変動金利 （半年ごと）	固定金利	
		基準金利×0.66 「−」ではなく「×」	基準金利−0.05%	基準金利−0.03%
	最低保証金利	0.05%（金利の上限なし）		
中途換金	換金禁止期間	発行から1年		
	中途換金調整額	直前2回分の利息相当額（税引後）		
	換金金額	額面金額＋経過利息相当額−中途換金調整額		
	税　金	利子は20.315%の源泉分離課税（利子所得） 参照 P195		
	発行頻度	毎月		

□□□**問1** 表面利率（クーポンレート）3%、残存期間2年の固定利付債券を額面100円当たり105円で購入した場合の最終利回り（年率・単利）は、（　　）である。なお、税金等は考慮しないものとする。
1）0.48%　　2）0.50%　　3）0.53%

□□□**問2** 債券の信用格付とは、債券やその発行体の信用評価を記号等で示したものであり、一般に、BBB（トリプルビー）格相当以上の格付が付された債券は、投資適格債とされる。

□□□**問3** 一般に、残存期間や表面利率（クーポンレート）が同一であれば、格付の低い債券ほど利回りが低く、格付の高い債券ほど利回りが高くなる。

解答

問1　**1**　最終利回り（%）＝ $\dfrac{3.0円＋\dfrac{100円－105円}{2年}}{105円}$ ×100 ≒ <u>0.48%</u>

問2　○　債券の信用格付は、一般的にBBB（トリプルビー）格相当以上が投資適格債とされます。

問3　×　債券は一般に、格付が高いほど利回りは低くなり、格付が低いほど利回りは高くなります。

7 株式

株式会社では、資金を集める方法として、金融機関からの融資や社債の発行のほかに、**株式**を発行する方法があります。株主は株式会社に出資することで、配当金や議決権、株主優待（商品券などの特典）などを得られます。

株式投資はリスクがある一方で、大きなリターンが期待できる金融商品の代表的なものです。

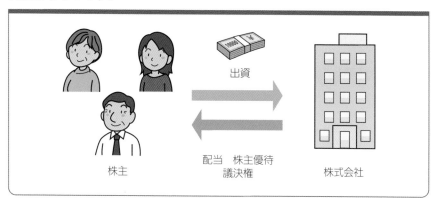

出資

株主　配当　株主優待　株式会社
　　　　議決権

1 証券取引所

株式の取引所は東京証券取引所をはじめとして、名古屋・札幌・福岡にあります。そのなかで、東京証券取引所の市場は、次の3市場に区分されています。

プライム**市場**	グローバルな投資家との建設的な対話ができる企業を中心に据えた市場（**大企業向け**）
スタンダード**市場**	投資対象として十分な流動性とガバナンス水準を備えた企業向けの市場（**中堅企業向けなど**）
グロース**市場**	高い成長可能性を有する企業向けの市場（**新興企業向けなど**）

2 株式の取引

① 証券口座

上場株式や投資信託を売買するためには、証券口座の開設が必要です。
証券口座には、一般口座、特定口座、NISA口座があります。 🔍参照 P171

② 売買単位

証券取引所に上場されている株式の最低売買単位を**単元**といいます。
東京証券取引所の上場株式における売買単位は100株です。

　売買単位は、100株単位でも株式によっては投資金額が大きいことから、次のとおり100株（1単元）未満で購入する方法もあります。

株式ミニ投資	1単元の10分の1の単位で購入できる方法
株式累積投資（るいとう）	毎月一定額ずつ積み立てる方法（ドル・コスト平均法が働く）

③ 注文方法

株式の売買はオークション方式で決まります。 　　価格がいくらでも売る（買う）
　　　　　　　　　　　　　　　　　　　　　　　　注文だから

成行注文優先の原則	指値注文よりも**成行注文**を優先させる
価格優先の原則	**売り注文**は最も低い価格の注文を、**買い注文**は最も高い価格の注文を優先させる
時間優先の原則	同一価格の注文は時間が早い注文を優先させる

用語

●成行注文と指値注文

＜ x社株式をいくらでもいいから100株買う

成行注文：銘柄と株数だけを指定して価格を指定せずに注文する方法。タイミングを逃さず売買できるものの、意図する価格と異なる価格で売買されることがある

＜ x社株式を＠5,000円で100株買う

指値注文：価格（上限）を指定して注文する方法。指定した価格より不利な価格で売買されることはないものの、成行注文に比べて売買が成立する可能性は低くなる

どうして？

●価格優先の原則

「買い注文は最も高い価格の注文を優先させる」ですが、買う側は本来低い価格で買いたいはずです。しかし、たとえば証券Aを「100円で買いたい」という人と「120円で買いたい」という人がいた場合、売る側としては高い金額で売りたいので、「120円で買いたい」という人を優先します。したがって、価格が高い買い注文を出した人が優先して約定します。

4 決済（受渡し）

株式の**決済日**（売買代金の受渡日）は、約定日（売買成立日）から3営業日目となります。

例）月曜日(約定日)→水曜日(受渡日)

└─ 約定日を含めて3営業日目

5 権利付き最終日

株式を保有するメリットの1つに、株主優待や配当金があります。

これらの権利確定日（通常は決算日）から起算して**2営業日前**までに株式を購入しておく必要があります。

例）3月31日（金）権利確定日→3月29日（水）までに購入

なお、権利落ち日は権利確定日の1営業日前です。

3 株式の相場指標

株式相場の動向を示す代表的な指標として次のものがあります。

	日経平均株価	東証株価指数（TOPIX）
対象	東京証券取引所プライム市場に上場している代表的な225銘柄	東京証券取引所プライムに上場している、一定以上の時価総額がある原則全銘柄
指数	銘柄の入替えや権利落ちがあっても連続性が失われないように修正した修正平均株価	基準日の時価総額（100とする）に比べてどの程度増減したかを表す時価総額指数
価格の影響	値がさ株（高株価の銘柄）の影響を受けやすい	時価総額の大きい銘柄の影響を受けやすい

4 株式の投資指標

① 投資指標の前提知識（損益計算書と貸借対照表）

企業の収益状況や経営状況を判断するための代表的な資料として**損益計算書**と**貸借対照表**があります。

損益計算書（P/L） …… 会社の1年間の経営成績を示す資料
┌Profit and Loss Statement

貸借対照表（B/S） …… ある時点（期末）における会社の財務状態を示す資料
└Balance Sheet

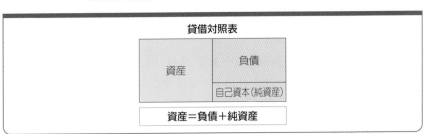

損益計算書（一部）

営業損益計算	売　上　高		×××	→ 会社が稼ぎ出した粗利益
	売　上　原　価	−)	×××	
	売 上 総 利 益		×××	
	販売費及び一般管理費	−)	×××	→ 企業本来の営業活動から稼ぎ出した利益
	営 業 利 益		×××	
経常損益計算	営 業 外 収 益	+)	×××	
	営 業 外 費 用	−)	×××	
	経 常 利 益		×××	→ 営業活動のほか、財務活動を含めた会社のトータルな業績を示す利益
純損益計算	特　別　利　益	+)	×××	
	特　別　損　失	−)	×××	
	税引前当期純利益		×××	→ 会社の一会計期間における最終成果を表す利益
	法人税、住民税等	−)	×××	
	当 期 純 利 益		×××	

3章 7 株式

2 株式の投資指標の計算

　どの銘柄に投資するか判断するための各種指標の計算は、実技試験で頻出です。具体的な数値を例にして計算します。

〈A 社に関するデータ〉

株価	2,000 円
1 株当たり当期純利益	100 円
1 株当たり純資産（自己資本）	1,500 円
1 株当たり配当金	50 円
発行済株式数	1,000 万株

用語

● **1 株当たり●●**

　上記の表における「1 株当たり当期純利益」「1 株当たり純資産」など、「1 株当たり●●」とは、●●を発行済株式数で割ったもの

　たとえば「1 株当たり当期純利益」であれば、「当期純利益を発行済株式数で割ったもの」となる。市場に出回る株数が減ると 1 株当たりの価値は上昇する

(1) 自己資本利益率（ROE）　単位（%）

目的	自己資本（純資産）からどれだけの利益を得られたかをみる
計算式	$\dfrac{（1株当たり）当期純利益}{（1株当たり）自己資本} \times 100$
	100円÷1,500円×100 ≒ 6.67%
判断基準	ROEが高いほど収益性が高い

(2) 配当性向　単位（%）

目的	当期純利益に対する配当金の割合をみる
計算式	$\dfrac{（1株当たり）配当金}{（1株当たり）当期純利益} \times 100$
	50円÷100円×100＝50%
判断基準	配当性向が高いほど株主に多くの利益を還元していると判断する

(3) 株価収益率（PER）　単位（倍）

目的	株価が1株当たり当期純利益の何倍になっているかをみる
計算式	$\dfrac{株価}{1株当たり当期純利益}$
	2,000円÷100円＝20倍
判断基準	PERが低い銘柄は割安、高い銘柄は割高

(4) 株価純資産倍率（PBR）　単位（倍）

目的	株価が1株当たり純資産の何倍まで買われているかをみる
計算式	$\dfrac{株価}{1株当たり純資産}$
	2,000円÷1,500円 ≒ 1.33倍
判断基準	PBRが低い銘柄は割安、高い銘柄は割高

（5）配当利回り　単位（%）

目的	投資額（株価）に対する配当金の割合をみる
計算式	$\dfrac{1\text{株当たり配当金}}{\text{株価}} \times 100$
	50円÷2,000円×100＝2.5%
判断基準	配当金が変わらない場合、株価が下落すると配当利回りは上がる

確認問題

□□□**問1** 日経平均株価は、東京証券取引所スタンダード市場に上場している代表的な225銘柄を対象として算出される。

□□□**問2** 株式の投資指標のうち、（　）は、株価を1株当たり純資産で除して算出される。
1）PER　　2）PBR　　3）ROE

解答

問1　✕　日経平均株価とは、東京証券取引所「**プライム市場**」に上場する銘柄のなかから日本経済新聞社が225銘柄を選定し、その株価をもとに算出する指数です。

問2　2　株式の投資指標のうち、PBRは、株価を1株当たり純資産で除して算出されます。

株式の投資指標の使い方

金財 個人資産相談業務（改題）

〈X社に関する資料〉

総資産	1兆6,000億円
自己資本（純資産）	9,500億円
当期純利益	750億円
年間配当金総額	120億円
発行済株式数	3億株
株価	2,500円

問 次の記述のうち最も不適切なものはどれか。

1) X社株式のPERは10倍である。

2) X社株式の配当利回りは、1.6％である。

3) PERとPBRは、一般に、どちらも数値が高いほど株価は割安と判断されるが、何倍程度が妥当であるかを検討する際は、同業他社の数値や業界平均値と比較して、相対的な数値として捉えることが重要である。

解答・解説

問 答 3

1) X 社株式の PER は次のとおりです。

$$X 社株式の 1 株当たりの純利益 = \frac{750 億円}{3 億株} = 250 円$$

$$X 社株式の PER = \frac{2,500 円}{250 円} = \underline{10 倍}$$

2) X 社株式の配当利回りは次のとおりです。

$$X 社株式の 1 株当たりの配当金 = \frac{120 億円}{3 億株} = 40 円$$

$$X 社株式の配当利回り = \frac{40 円}{2,500 円} \times 100 = \underline{1.6\%}$$

3) PER と PBR は、一般に、どちらも数値が低いほうが株価は割安と判断されますが、同業他社の数値や自社における過去の傾向と比較するなど、相対的な数値として投資判断材料の 1 つとして捉える必要があります。

8 投資信託

投資信託とは、複数の投資家から資金を集め、それを運用の専門家が管理・運用し、投資によって得られた収益を投資家に分配するものです。

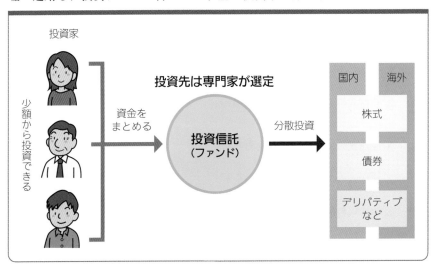

1 投資信託のしくみ Ⓑ

❶ 投資信託に関わる機関

投資信託財産の運用や管理等には次の機関が関わっています。

販売会社	投資信託の募集・販売、目論見書の交付　など
投資信託委託会社（委託者）	運用指図、目論見書・運用報告書の作成　など
信託会社（受託者）	信託財産の保管・管理　など

※契約型投資信託（委託者指図型）の場合

❷ 投資信託のしくみ

契約型投資信託のしくみは次のようになっています。

①販売会社（証券会社など）が募集や販売を行い、投資家から資金を集める

②委託者は、①の資金をもとにファンドを組み、受託者に対して運用の指図を行う

③受託者は委託者の指図をもとに、株式などに投資して、運用の管理を行う

④運用によって得られた収益を投資家に配分する

2 投資信託の費用

　受益者（投資家）は、購入時・保有期間中・解約（換金）時にそれぞれ費用を負担します。

　投資信託は、1万口当たりの価格で表示されます。

受益者（投資家）が負担する費用

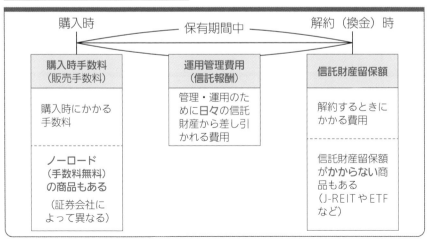

次の投資信託を 10 万口購入する場合の購入金額はいくらか。

約定日の基準価額（1 万口当たり）　12,000 円
購入時手数料（税込み）　2.20%

10 万口の価額：12,000 円×10＝120,000 円
購入時手数料：120,000 円×2.2%＝2,640 円
購入額合計：120,000 円＋2,640 円＝<u>122,640 円</u>

3　投資信託の情報

　投資信託委託会社には、投資家に対して、**目論見書**と**運用報告書**の作成が義務付けられています。

目論見書	投資判断について必要な重要事項を説明した書類 投資家にあらかじめまたは販売と同時に交付しなければならない **交付目論見書**と、投資家から請求があった場合にただちに交付する**請求目論見書**がある
運用報告書	投資信託の**運用成果**を報告するもの

4　投資信託の分類　

　投資信託は、運用対象や、購入できるタイミングなどによって次のとおり分類されます。日本においては契約型（運用会社と信託銀行が契約を結ぶ）が主流です。

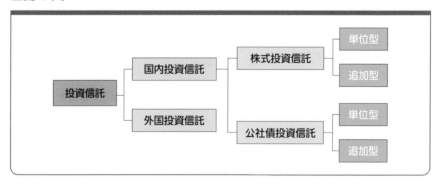

投資対象に よる分類	公社債 投資信託	公社債を中心に運用される投資信託　MRFなど
		株式をいっさい組み入れることができない
	株式投資信託	株式を運用対象に組み入れることができる投資信託
		実際に株式を組み入れていなくても、約款上、組み入れることができれば**株式投資信託**に分類される
購入時期に よる分類	単位型 （ユニット型）	投資信託の新規設定の募集期間以外、**追加設定が**行われないもの
	追加型 （オープン型）	投資信託設定後、いつでも追加購入や換金ができるもの

5 株式投資信託の運用方法

投資信託が目標とする基準

　投資信託の運用方法は、東証株価指数（TOPIX）や日経平均株価などの<u>ベンチマーク</u>に連動することを目指すか、ベンチマークを<u>上回る</u>ことを目指すかによって異なります。

パッシブ 運用		運用成果がベンチマーク（日経平均などの指数）に連動することを目指す（例：インデックスファンド） インデックス アクティブ運用よりも信託報酬が低い
アクティブ 運用		運用成果がベンチマークを上回ることを目指す
	バリュー運用	割安（バリュー）株に投資する運用方法
	グロース運用	成長（グロース）株に投資する運用方法
	トップダウン・ アプローチ	マクロの視点から国・業種を絞り個別銘柄を選ぶ方法
	ボトムアップ・ アプローチ	個別具体的な銘柄の分析をして作りあげていく方法
	ブル型 ベア型	**ブル型**……ベンチマークの上昇時にその数倍の利益を目指すファンド
		ベア型……ベンチマークが下落することにより利益を目指すファンド

ETF **（上場投資信託）**	証券取引所に上場されており、TOPIX などの株価指数や、商品指数等に連動するように設定される（**インデックスファンド**） ● 上場株式と同様に、指値注文・成行注文、信用取引が可能 ● 税務の取扱いも上場株式と同様
J-REIT **（上場不動産** **投資信託）**	オフィスビルなどの不動産に投資し、賃貸収入などの運用益を分配するもの ● 上場株式と同様に、指値注文・成行注文、信用取引が原則可能　　*投資を目的とする法人により組成される* ● 東京証券取引所に上場されている J-REIT はすべて<u>会社型投資信託</u> ● 収益分配金は配当所得。ただし、<u>配当控除の対象外</u> 　　　　　　　　　　　　　　　　　Q 参照 P229

確認問題

□□□**問1**　ベンチマークとなる指数の上昇局面において、先物やオプションを利用し、上昇幅の 2 倍、3 倍等の投資成果を目指すファンドは、ブル型ファンドに分類される。

- -

解答

問1　○　ベンチマークとなる指数の上昇局面において、基準価額が上昇する投資成果を目指すファンドは**ブル型**であり、ベア型ファンドは、指数の下落局面で基準価額が上昇します。

9 外貨建て商品

外貨建て商品は、円をドルなどの外貨に交換して、運用する商品です。

1 外貨建て商品の特徴

外貨建て商品の主な特徴は次のとおりです。

● 円建ての金融商品にはない**高い金利**のついた商品性が魅力
● 為替レートの状況により利益（為替差益）が出ることもあれば、損失
（為替差損）を被るリスクもある

2 為替の基本

外貨預金を預け入れた際、1ドルが140円だったとします。

将来、預金を解約するときの為替レートが150円などになることを円安と
いいます。一方で、為替レートが130円などになることを円高といいます。

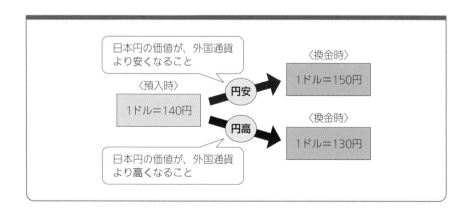

たなけん
ポイント ●なぜ1ドル100円が110円になると「円安」なの

たとえば1個1ドルのパンがあったとします。1ドル100円のときは、100円払えば1個のパンが買えます。しかし、将来1ドル110円になると、1個のパンを買うために110円を支払う必要があります。10円余計に払う必要があるので、円の価値が下がった（円が安くなった）と考えます。

3 換金時の為替レート

　円を外貨に換金する際には、金融機関に<u>手数料</u>を支払わなければなりません。この手数料が為替レートに反映されます。　└<u>取扱金融機関により異なる</u>

　円を外貨に換金するときの為替レートを TTS、**外貨を円**に換金する（戻す）ときの為替レートを TTB といいます。

　なお、TTS と TTB の平均値を TTM といい、金融機関が顧客との取引を行う際の当日受渡し用の基準レートです。TTM と TTS（TTB）との差分を為替スプレッドといいます。

	仲値（TTM）が100円、為替手数料が1円の場合
TTS（対顧客電信<u>売</u>相場） 銀行などからすると、お客さんに 外貨を「売る(sell)」ので売相場	TTM＋手数料＝TTS → 例）100円＋1円＝101円
TTB（対顧客電信<u>買</u>相場）	TTM－手数料＝TTB → 例）100円－1円＝99円

　例題

　次の外貨預金（ドル建て）を1年後の満期時に円転して払い戻した金額はいくらか（税金は考慮しない）。

　　預入金額：1万ドル　　利率：3%
　　預入時のTTS：100円、TTB：98円　　満期時のTTS：112円、TTB：110円

- -

①1年後のドル建ての元利合計額：1万ドル×(1＋0.03)＝10,300ドル
②①を円換算（円転）した金額：10,300ドル×<u>110円（TTB）</u>＝<u>1,133,000円</u>
　　　　<u>満期時より円安なので為替差益が生じる</u>┘　└<u>円に換えるときはTTB</u>

4 外貨預金

外貨建て商品には、外貨預金・外国株式・外貨建てMMFなどがあります。
3級では、外貨預金の知識が問われます。

> マネー・マーケット・ファンド

外貨預金とは、日本円を米ドルなどの外貨に換えて預金する商品です。

為替予約をしていない外貨定期預金の場合、預入時に比べて満期時の為替レートが円安になっていれば利回りは高くなります。

外貨預金には次のような特徴があります。

	外貨預金※
利子に対する税金	利子所得として20.315%の源泉分離課税
為替差益に対する税金	原則雑所得※
解約	定期預金は原則解約できない
預金保険制度 参照 P181	保護されない

※為替予約をしていない場合

5 金投資

金（GOLD）は、1トロイオンス当たりの米ドル建てで表示されます。

そのため……
円安（100円が120円など）になると国内価格が上昇
円高（100円が80円など）になると国内価格が下落

金の投資方法は、金（金貨や金地金）そのものを購入する方法や、毎月一定額ずつ買い付けていく純金積立などがあります。積み立てた金は、現金にすることも可能ですし、金（現物）で受け取ることも可能です。

金を売却する場合は、所得税の譲渡所得（総合）の課税対象となります。

> 参照 P204

10 金融商品と税金

1 預貯金の利子に係る税金 Ⓐ

　預貯金の利子は利子所得として課税され、原則として 20.315%（所得税・復興特別所得税 15.315%、住民税 5 %）の源泉分離課税となり、納税が完結します。

2 債券・株式・投資信託に係る税金 Ⓐ

　債券・株式・投資信託に係る税金は、利子・配当・譲渡の違いにより課税関係が異なります。

金融商品	所得区分	課税方式		譲渡損失との損益通算[2]	配当控除
● 特定公社債[1] ● 公募公社債投資信託	利子 （利子所得）	申告分離課税（20.315%） （源泉徴収が行われるものについては申告不要も選択可能） 参照 P211　参照 P229		○	
	譲渡損益 償還差益 （譲渡所得）	申告分離課税（20.315%）		○	
● 上場株式等 （大口株主を除く） ● 公募株式投資信託	配当 （配当所得）	いずれかを選択	金額の多寡を問わない 申告不要 （20.315%、源泉徴収）	×	×
			申告分離課税 （20.315%）	○	×

| | 総合課税 参照 P194
（累進課税） | × | ○ | |
| 譲渡損益
（譲渡所得） | 申告分離課税（20.315%） | ○ | | |

※1 特定公社債とは、国債・地方債・公募公社債等をいう。
　　└──一般に知られている公社債は、ほとんど特定公社債

※2 損益通算しても損失が生じる場合は、翌年以降最長で3年間の繰越控除ができる（繰戻還付はない）。

● 源泉分離課税と申告分離課税の違い

　利子所得に代表される「源泉分離課税」は、支払者が支払いの際に源泉徴収して納めることにより納税が完結するため、納税者は何もしなくてよいのです。一方で「申告分離課税」は、原則自ら確定申告をする必要がありますが、損益通算、所得控除さらには税金の還付申告もできる場合があります。

3　特定口座 Ⓑ

　投資信託・株式・公社債等は、譲渡や償還等により発生した損益について、原則として確定申告が必要となります。その負担を軽減する方法として**特定口座**があります。

　特定口座を選択すると、金融機関が1年間の売買損益を計算してくれます。

　特定口座には「**源泉徴収あり**」と「**源泉徴収なし**」があります。

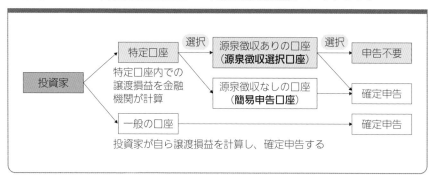

4 投資信託（追加型）の収益分配金

　追加型株式投資信託は、各投資家の購入元本が異なるため、投資家ごとに個別元本を把握し、個々の元本超過分が課税対象となります（個別元本方式）。

　追加型株式投資信託の分配金（運用によって得られた収益）には、普通分配金と元本払戻金（特別分配金）があります。

普通分配金	配当所得として20.315%（復興特別所得税を含む）が源泉徴収
元本払戻金（特別分配金）	元本の払戻しとみなされ非課税

　普通分配金や元本返戻金が支払われると、個別元本が修正されることがあります。

分配落ち後の基準価額 ≧個別元本 （分配金の支払いによって基準価額が下落すること）	● 全額が普通分配金として課税される。元本払戻金は発生しない ● 分配金受取後の個別元本は修正されない
分配落ち後の基準価額 <個別元本	● 個別元本と分配落ち後の基準価額の差額は元本払戻金として非課税。残額は普通分配金として課税される ● 分配金受取後の個別元本は、元本払戻金の分だけ修正される

例題

分配落ち後の基準価額＜個別元本のケース

　次のケースで、Aさんの1口当たりの手取り分配金（源泉（特別）徴収後）と分配落ち後の個別元本はいくらか（復興特別所得税は考慮しない）。

〈追加型株式投資信託〉
Aさんの個別元本：　　　11,000円
分配前の基準価額：　　　12,000円
分配金：　　　　　　　　2,000円
分配金落ち後の基準価額：10,000円

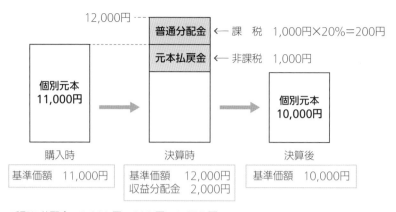

12,000円 ----

| 普通分配金 | ← 課　税 | 1,000円×20%＝200円 |
| 元本払戻金 | ← 非課税 | 1,000円 |

個別元本
11,000円

個別元本
10,000円

購入時　　　　　　　決算時　　　　　　　決算後

| 基準価額　11,000円 | 基準価額　　12,000円
収益分配金　2,000円 | 基準価額　10,000円 |

- 手取り分配金＝2,000円－200円＝1,800円
- 分配落ち後の個別元本：10,000円
 （元本払戻金を受け取っているため、個別元本は11,000円から10,000円に修正される）

5 NISA（少額投資非課税制度）

　NISA とは、株式や公募株式投資信託等を購入した場合に、受け取った**配当金等**や**売却益**が**非課税**になる制度です。

　2023 年末までの NISA には①一般 NISA、②ジュニア NISA、③つみたて NISA がありましたが、このうち、②ジュニア NISA は 2023 年末で終了しました。

　2023 年末までの一般 NISA やつみたて NISA 制度で投資した商品は、新 NISA とは別枠で非課税制度を継続できます。ただし、新 NISA へのロールオーバー※はできません。

※非課税期間終了後に翌年の非課税投資枠に移す手続き

　そして、①一般 NISA と③つみたて NISA を一本化した制度として、2024 年 1 月より**新 NISA** が開始されました。

新 NISA の概要は次のとおりです。

	成長投資枠	つみたて投資枠
対象者	18 歳以上の国内居住者等	
年間投資枠	240 万円	120 万円
	併用可（年間最大 360 万円）	
非課税期間	無期限	
非課税保有限度額（生涯投資枠）	1,800 万円 （売却後の投資枠の再利用可）	
	1,200 万円（枠内）	
投資対象商品	上場株式・投資信託・ETF など	• 長期の積立て・分散投資に適した一定の公募株式投資信託・ETF • 累積投資契約を結ぶ
その他	• 一般口座や特定口座で保有している株式や株式投資信託を NISA 口座に移すことはできない • NISA 口座内で生じた上場株式等の譲渡損失は、特定口座等の譲渡益の金額と通算はできない	

ひとこと

新 NISA では、国債（個人向け国債を含む）や公募公社債投資信託は投資対象外です。

また、つみたて投資枠において上場株式は投資対象外です。

確認問題

□□□**問1** 追加型株式投資信託を基準価額1万3,000円（1万口当たり）で1万口購入した後、最初の決算時に1万口当たり400円の収益分配金が支払われ、分配落ち後の基準価額が1万2,700円（1万口当たり）となった場合、その収益分配金のうち、普通分配金は（ ① ）であり、元本払戻金（特別分配金）は（ ② ）である。
1) ① 0円　　② 400円
2) ① 100円　② 300円
3) ① 300円　② 100円

□□□**問2** 2024年以降に新NISAの「成長投資枠」と「つみたて投資枠」を利用して株式投資信託等を保有することができる投資上限額（非課税保有限度額）は（ ① ）であり、このうち「成長投資枠」での保有は（ ② ）が上限となる。
1) ① 1,500万円　② 1,000万円
2) ① 1,800万円　② 1,200万円
3) ① 2,000万円　② 1,500万円

解答

問1 2 追加型株式投資信託を基準価額1万3,000円で1万口購入後、決算後の基準価額が1万2,700円になっています。つまり、決算時に支払われた400円の収益分配金のうち300円は元本から払い戻されていることになります。したがって、400円の収益分配金の内訳は、普通分配金100円、元本払戻金（特別分配金）300円となります。

問2 2 新しいNISAの非課税保有限度額は**1,800万円**であり、そのうち、成長投資枠は**1,200万円**までです。

金融派生商品（デリバティブ）

金融派生商品（デリバティブ）とは、株式や商品などの対象となる原資産から派生した商品で、実際の商品は存在しません。

代表的なものに、先物取引やオプション取引などがあります。

どうして？

たとえば、将来ある商品の株価が上昇すると予想していた場合でも、手元資金がなければ買えません。そのような場合に、一定期日に決められたお金で買う約束（先物取引）ができたり、将来一定額で買うことができる権利を買う（オプション）ことができる取引などが、デリバティブの考え方です。

1 先物取引

先物取引とは、決められた期日に特定の原資産を、現時点で決められた価格で売買することを約束する取引をいいます。

2 オプション取引

オプション取引とは、決められた期日（満期）までに、特定の商品を現時点で決めた価格で買える権利や売れる権利を売買する取引です。

●原資産を決められた価格で ── 買える権利を「コール・オプション」

　　　　　　　　　　　　　 └ 売れる権利を「プット・オプション」

　それぞれの取引において買う人と売る人がおり、買手が売手に支払う
代金を「プレミアム」という
●プレミアムは満期までの期間が長いほど高くなる

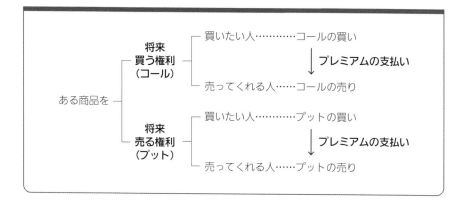

□□□**問 1** オプション取引において、他の条件が同一であれば、満期まで
の残存期間が長いほど、プレミアム（オプション料）は高くな
る。

□□□**問 2** オプション取引において、特定の商品を将来の一定期日に、あ
らかじめ決められた価格（権利行使価格）で売る権利のこと
を、プット・オプションという。

解答

問 1 ○ オプション取引において、他の条件が同一であれば、満期までの
残存期間が長いほど、プレミアム（オプション料）は高くなりま
す。

問 2 ○ オプション取引において、特定の商品を将来の一定期日に、あ
らかじめ決められた価格（権利行使価格）で売る権利のことを
「**プット・オプション**」といいます。買う権利のことを「コール・
オプション」といいます。

12 ポートフォリオ

　ポートフォリオとは、投資先を1つ（株式など）ではなく、複数の資産（債券や不動産など）に**分散投資**することによって、リスクを軽減しようとする組合せを指します。

　組み合わせた資産は、将来、値上がりすることもあれば、値下がりすることもあります。それにより、時間の経過とともに運用当初に決めた配分比率がずれることがあります。そこで、値上がりした資産を売却して、値下がりした資産を購入し、組合せのバランスを維持していくことを「**リバランス**」といいます。

1 ポートフォリオの分散効果と相関係数 Ⓐ

　ポートフォリオのリスクを低減させるためには、できるだけ値動きの異なる資産や銘柄を組み合わせる必要があります。たとえば、資産Aの収益率が悪いときに、資産Bの収益率が良くなる場合、ポートフォリオのリスク分散効果があると判断されます。

　資産Aと資産Bの動きの違いにより「－1（値動きが逆）から＋1（値動きが同じ）」の値をとったものを**相関係数**といいます。相関係数が「－1」に近づく組合せほど、ポートフォリオの**リスク分散効果が高い**といえます。

> **たなけん ポイント**　資産運用には「卵を1つのかごに盛るな」という格言があります。
>
> 　大量の卵を1つのかごに盛ると、万が一そのかごを落とせばすべて割れてしまいます。
>
> 　しかし複数のかごに盛れば、1つのかごが落ちても残りは無事です。
>
> 　資産運用も株式・債券・不動産投資信託などの異なる商品や、国内・海外などの異なる地域に分散投資することで、リスク軽減につながります。

2 期待収益率

期待収益率とは、投資している資産に対して投資家が将来的に期待できる収益の平均値のことをいいます。

ポートフォリオの期待収益率は、各資産の期待収益率をポートフォリオの組入比率で加重平均したものの合計です。

ポートフォリオの期待収益率
$$= \sum^{(総和)} （組み入れられている各資産の期待収益率×各資産の組入比率）$$

例題

A証券とB証券に次のとおり投資した場合の期待収益率はいくらか。

	期待収益率	ポートフォリオの組入比率
A証券	2.0%	60%
B証券	1.0%	40%

2.0%×0.6＋1.0%×0.4＝1.6%
電卓例）2×0.6＝ M+ 1×0.4＝ M+ RM

13 セーフティネット

　銀行などに預けていた資産が、ある日突然破綻した場合、その資産を保護するための制度として**預金保険制度**および**日本投資者保護基金**といったセーフティネットがあります。

1 預金保険制度

　銀行等が破綻した場合に、1金融機関ごとに預金者1人当たり、一定額までの預金等が保護されます。

預金等の分類		保護の範囲
通常の預金等	普通預金、定期預金等	預金者1人当たり**元本1,000万円**までとその利息等
決済用預金	決済用預金（無利息・要求払い・決済サービスの提供）、当座預金等 ←引落とし等ができる口座	全額保護
制度対象外	外貨預金、投資信託等	

- **外貨預金**は海外の金融機関に預け入れているだけでなく、国内の金融機関に預け入れている場合でも**対象外**
- **ゆうちょ銀行**も預金保険制度の対象

2 日本投資者保護基金

証券会社等が破綻した場合に、一定額までの株式等が保護されます。

	金融商品の分類	保護の範囲
保護の対象	株式、公社債、投資信託、外貨建てMMF 等	投資者1人当たり1,000万円まで
保護の対象外	国内の証券会社以外（銀行等）で購入した**投資信託**、FX 取引 — 投資者保護基金の会員ではないため	

どうして？

●日本投資者保護基金

　証券会社には、顧客の資産と証券会社の資産を分別して管理することが義務付けられており、この義務が守られていれば証券会社が破綻しても顧客の資産は安全なはずです。しかし、仮に破綻した証券会社が分別管理義務に違反していた場合は、顧客に損失が生じるため、それを保護するための基金です。

確認問題

□□□**問1** 証券会社が分別管理の義務に違反し、一般顧客の顧客資産を返還することができない場合、日本投資者保護基金は、一般顧客1人当たり1,000万円を上限として顧客資産（補償対象債権に係るもの）を補償する。

□□□**問2** 預金保険制度の対象金融機関に預け入れた（　　）は、預入金額の多寡にかかわらず、その全額が預金保険制度による保護の対象となる。
1）定期積金　　2）決済用預金　　3）譲渡性預金

解答

問1 ○ 日本投資者保護基金は、一般顧客1人当たり1,000万円を上限として顧客資産（補償対象債権に係るもの）を補償します。

問2 2 決済用預金は預入金額にかかわらず、全額が預金保険制度の保護の対象となります。

14 関連法規

1 金融サービス提供法 Ⓑ

　金融サービス提供法（金融サービスの提供及び利用環境の整備等に関する法律）は、金融商品のサービスの提供にあたり、販売業者等が説明すべきことなどを定めて顧客保護などを図るための法律です。

　金融商品販売業者は、金融商品販売にあたり、すべての顧客に対して**重要事項の説明義務**を怠った場合や、<u>断定的判断</u>を行ったことにより顧客に損害

　「この株は必ず値が上がる」などと断定的な判断をすること

が発生した場合は、**損害賠償責任**を負わなければなりません。

　ただし、顧客から説明不要の意思表示があった場合は、説明を省略することができます。

　また、金融リテラシーの向上などを目的とした**金融経済教育推進機構**が設立されました。

2 金融商品取引法

　金融商品取引法は、資本市場の公正を確保して投資家を保護するため、有価証券やデリバティブに関するルールを定めた法律です。

　株式や投資信託等の有価証券、デリバティブを活用した預金関連商品、外貨建保険などの元本割れリスクを伴う金融商品全般を対象として、<u>適合性の原則</u>や断定的判断の禁止等を定めています。

　顧客の知識・経験・財産の状況・目的などから、不適当な勧誘を行ってはならない

　金融商品取引契約を締結しようとする金融商品取引業者は、あらかじめ顧客（特定投資家等を除く）に契約締結前書面を交付しなければならず、交付を要しない旨の意思表示があっても交付義務は免除されません。

3 消費者契約法

消費者契約法は、事業者の違反行為により消費者（個人）が誤認・困惑して契約をした場合、契約を**取り消す**ことができることを定めた法律です。

どうして？

● **金融サービス提供法、金融商品取引法、消費者契約法の対象範囲の違い**

金融サービス提供法、金融商品取引法、消費者契約法の金融商品に関する対象範囲の違いは次のとおりです。

- 金融サービス提供法：預金等も含めた金融商品を幅広く対象
- 金融商品取引法：リスク性商品を対象に規定しているため預金等は対象外
- 消費者契約法：金融商品に限らず契約全般に関して消費者を保護する

確認問題

□□□**問 1** 金融商品取引法の規定によれば、金融商品取引業者等は、適合性の原則により、金融商品取引行為において、顧客の知識、経験、財産の状況および金融商品取引契約を締結する目的に照らして不適当と認められる勧誘を行ってはならないとされている。

解答

問 1 ○ 金融商品取引法の規定によれば、金融商品取引業者等は、顧客の知識、経験、財産の状況および金融商品取引契約を締結する目的に照らして不適当と認められる勧誘を行ってはなりません。

索引

'24～'25年版

わかって合格る
FPのテキスト
3級

第2編

タックスプランニング
不動産
相続・事業承継

目次

6章 相続・事業承継 291

4章 タックスプランニング

所得税の計算の流れを理解することが合格への近道!

学科

重要論点 BEST 3

損益通算 …… 損益通算できる所得とできない所得
所得控除 …… 配偶者控除、扶養控除、医療費控除
各種申告 …… 確定申告、青色申告

実技

重要論点 BEST 3

【 金財　個人資産相談業務 】

総所得金額の計算 …… 事例から所得税の総所得金額を求める
所得控除 …… 事例から所得控除額の合計を求める
確定申告 …… 確定申告の納付期限、確定申告が必要な所得や金額

【 金財　保険顧客資産相談業務 】

総所得金額の計算 …… 事例から所得税の総所得金額を求める
所得控除 …… 事例から所得控除額を求める
生命保険の税金 …… 生命保険料控除の計算

【 日本 FP 協会　資産設計提案業務 】

退職所得 …… 退職収入から所得金額を求める
総所得金額の計算 …… 複数の所得を合算して総所得金額を求める
所得控除 …… 医療費控除、配偶者控除、扶養控除

1 税金の基礎

1 税金の種類

1 国税と地方税

税金は、どこに納めるのかによって、国税と地方税に分けられます。

2 直接税と間接税

税金を納める人（納税者）と税金を負担する人（担税者）が同じものを**直接税**、異なるものを**間接税**といいます。

	直接税	間接税
国税	**所得税、法人税、相続税、贈与税**	消費税、印紙税、登録免許税
地方税	住民税、事業税、固定資産税、不動産取得税	地方消費税

　　間接税の代表的なものとして消費税があります。買い物をする際に消費者は消費税を負担（担税者）しますが、実際に国や地方公共団体に支払うのはお店（納税者）であるため、担税者が間接的に納税を行っていることになります。

3 納税方式

税金の納付方法には、**申告納税方式**と**賦課課税方式**があります。

	課税方法	税金の種類
申告納税方式	納税者が自ら税額を計算したうえで、確定申告などで税金を納付する方式	所得税、法人税、相続税　など
賦課課税方式	国や地方公共団体が税額を計算して、納税者に通知し、納税者が税金を納付する方式	個人住民税、固定資産税　など

2　所得税の基本

1　所得税とは

　所得税は、個人が1月1日から12月31日までの1年間に得た収入から、必要経費を差し引いて算出された金額（所得）に対して課税されます。

2　納税義務者

　所得税法における納税義務者は、その区分が「**居住者**（国内に住所がある、または国内に1年以上居所がある個人）」または「非居住者」、さらに「居住者」の場合は、「非永住者以外の居住者」または「非永住者」に分類されます。

　FP3級試験において重要なのは、「非永住者以外の居住者（日本国籍を有し、一定期間以上国内に住んでいる者）」で、国内外すべての所得について課税されます。

3　非課税所得　

　個人が得た次の所得は、社会政策等から所得税では非課税とされています。

老齢年金は課税対象（雑所得）

- ●社会保険の給付金（健康保険の給付金、雇用保険、障害年金、遺族年金）
- ●身体の傷害に起因して受け取る生命保険契約の入院給付金、手術給付金
- ●資産の損害に起因して受け取る損害保険契約の保険金（火災保険等）
- ●通勤手当（月額15万円まで）
- ●生活用動産の譲渡（1個または1組の価額が30万円を超える貴金属・書画・骨董等を除く）　家具や衣服など
- ●相続などにより取得する財産

所得税の計算方法

1 所得税の全体像

所得税は次の手順で計算し、最終的な納税額を決定します。

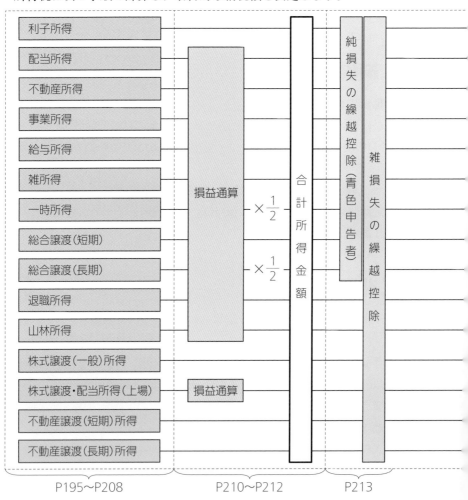

利子所得			
配当所得			
不動産所得			
事業所得	損益通算		
給与所得			
雑所得		合計所得金額	
一時所得	×1/2		純損失の繰越控除（青色申告者）
総合譲渡（短期）			雑損失の繰越控除
総合譲渡（長期）	×1/2		
退職所得			
山林所得			
株式譲渡（一般）所得			
株式譲渡・配当所得（上場）	損益通算		
不動産譲渡（短期）所得			
不動産譲渡（長期）所得			

P195～P208　　　　P210～P212　　　P213

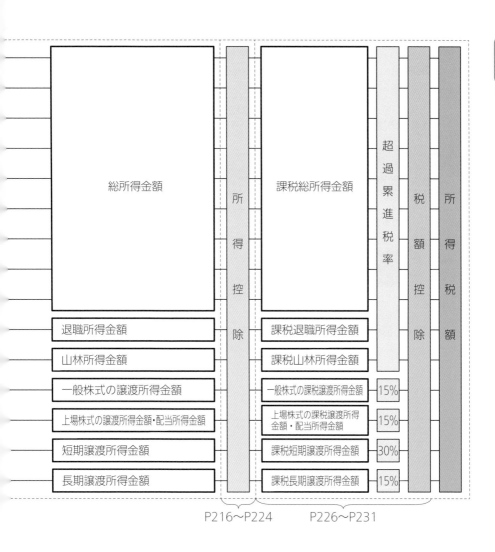

総所得金額		所得控除	課税総所得金額	超過累進税率	税額控除	所得税額
退職所得金額			課税退職所得金額			
山林所得金額			課税山林所得金額			
一般株式の譲渡所得金額			一般株式の課税譲渡所得金額	15%		
上場株式の譲渡所得金額・配当所得金額			上場株式の課税譲渡所得金額・配当所得金額	15%		
短期譲渡所得金額			課税短期譲渡所得金額	30%		
長期譲渡所得金額			課税長期譲渡所得金額	15%		

P216〜P224　　　P226〜P231

● 総合課税と分離課税

　所得税は、基本的に対象となる所得を合算した金額に課税する総合課税ですが、他の所得と分離して計算する分離課税もあります。

課税方法		内容	対象となる所得
総合課税		各種所得を合算して算出した金額（総所得金額）に課税する方法	給与所得、事業所得、一時所得などのほとんどの所得
分離課税	源泉分離課税	所得が発生した時点で税金が天引きされ、課税関係が終了する方法。確定申告不要	利子所得（預貯金等）
	申告分離課税	他の所得と分離して所得を計算した金額に課税する方法	退職所得、株式・土地等の譲渡所得、一定の配当所得

確定申告が必要なのが「申告分離課税」、不要なのが「源泉分離課税」

たなけん ポイント ●なぜ総合課税だけでなく分離課税もあるのか

　たとえば、退職所得や土地等の譲渡所得は、一度に多額の所得を得るため、他の所得と合算する総合課税にすると税負担が重くなります。また、退職所得などは1年ではなく、複数年にわたって築いてきた労働に対する対価なので、他の所得と分けて分離課税として計算します。

4 各種所得の計算

1 利子所得

利子所得とは、銀行等の預貯金の利子や公社債の利子、公社債投資信託の収益分配金などによる所得をいいます。

1 計算

利子所得の金額は収入金額となります。

利子所得＝収入金額

2 課税方法

利子所得は、金融商品の種類によって次のとおり課税されます。

	源泉分離課税
預貯金の利子	利子等を受け取るときに、**20.315%**（所得税等 15.315%、住民税 5%）が源泉徴収されて、課税関係が終了 ╮確定申告の手間が省ける
特定公社債の利子 公募公社債投資信託の収益分配金 🔍参照 P170~173	申告分離課税（<u>申告不要</u>とすることもできる）※
	20.315%（所得税等 15.315%、住民税 5%）の申告分離課税

※特定公社債等の利子は、支払いを受ける際に所得税・住民税が源泉徴収されるので、基本的には申告不要

2 配当所得

配当所得とは、株式配当金、株式投資信託（ETF を含む）の収益分配金などによる所得をいいます。🔍参照 P170

なお、公社債投資信託の収益分配金は利子所得です。

❶ 計算

配当所得の計算は次のとおりです。

> 配当所得＝収入金額−株式等を取得するための負債利子
> └3級では暗記不要

❷ 課税方法

配当所得は原則として総合課税の対象となりますが、上場株式等の配当所得については、選択により**申告分離課税**とすることもでき、金額に関わらず**申告不要**とすることもできます。

配当収入に対して源泉徴収される場合の税率は、20.315%（所得税15％・復興特別所得税 0.315％・住民税 5％　大口株主を除く）です。

3 不動産所得

不動産所得とは、土地や建物等の<u>貸付</u>による所得をいいます。

└── 譲渡の場合は「譲渡所得」

1 不動産所得と間違えやすい他の所得

不動産の貸付であれば、<u>事業的規模で行われているか否かを問わず</u>、<u>不動産所得</u>です。

└── 貸家で5棟以上、アパートで10室以上

└── 事業の規模が大きくても事業所得ではない

2 計算

不動産所得の計算は次のとおりです。

不動産所得＝収入金額－必要経費（－青色申告特別控除）

Q参照 P237

収入金額	地代・家賃・権利金・更新料・礼金　など ※敷金や保証金のうち、**返還を要しないことが確定したものは収入金額に含める**（返還が必要なものは収入に含めない）
必要経費	**減価償却費・固定資産税等・不動産取得税・損害保険料・借入金の利子**※　など ※借入金の元本返済分は必要経費に算入できない

3 課税方法

不動産所得の課税方法は**総合課税**です。

4 事業所得

　事業所得とは、個人事業主による卸売業、サービス業等の事業から生じる
所得をいいます。

❶ 計算

　事業所得の計算は次のとおりです。

> **事業所得＝収入金額－必要経費（－青色申告特別控除）**
>
> 参照 P237

収入金額	売上代金（その年に確定した金額は未収入額も含む）
必要経費	売上原価・減価償却費・給与・租税公課　など

◆用語◆

●**売上原価**

　売れた商品に対する仕入れや製造にかかった費用のことをいう

　売れた商品に対する仕入れや製造費用であるため、仕入れた金額がそのまま売上原価
になるわけではない（期末に売れ残る商品もあるため）

　計算式：年初（期首）棚卸高＋年間仕入高－年末（期末）棚卸高

❷ 課税方法

　事業所得の課税方法は**総合課税**です。

5 不動産所得や事業所得の必要経費

3 不動産所得 と **4 事業所得** の**必要経費**のうち、代表的なものについて詳しく説明します。

1 租税公課（税金）

必要経費に算入されるもの	個人事業税、固定資産税、消費税　など
必要経費に算入されないもの	所得税、住民税、延滞税　など

どうして？

● **なぜ所得税や住民税は必要経費に算入されないのか**

所得税や住民税を必要経費に算入すると、必要経費算入後の所得で改めて計算しなければならず、いつまでも所得税が定まらないという循環的な弊害が起きるためと言われています。

2 減価償却費

建物や車両、ソフトウエアなどの固定資産は、時間の経過により価値が減少します。この減少分を取得した年に全額費用とすることはせず、耐用年数に応じて費用として計上することを減価償却費といいます。ただし、土地は価値が減少しないので減価償却はされません。

（1）減価償却の方法

減価償却の方法としては主に2つあります。

定額法	毎年、同額を減価償却する方法
定率法	資産の残額に一定率を乗じて減価償却する方法

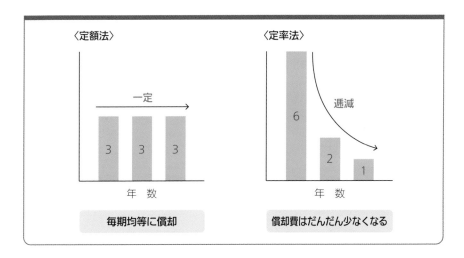

〈定額法〉　　　　　　　　　　　〈定率法〉

一定　　　　　　　　　　　　　逓減

3　3　3　　　　　　　　6　　2　1

年　数　　　　　　　　　　　　年　数

| 毎期均等に償却 | 償却費はだんだん少なくなる |

● **法定償却方法**は定額法（税務署長に届出をしなかった場合）
● **所得税**において減価償却は強制。**法人税**は任意

例題

　個人事業主のＡさんは、2024年10月に器具を50万円で購入し、事業の用に供している。
　Ａさんの2024年分の所得税における事業所得の必要経費に算入すべき減価償却費の金額はいくらか。法定耐用年数は5年、定額法の償却率は0.200とする。なお、器具について減価償却方法を選択したことはない。

- -

　償却方法を選択しなかった場合の法定償却方法は定額法です。2024年の事業の用に供した期間は10月～12月までの3ヵ月間です。
減価償却＝取得価額×耐用年数に応じた償却率×事業の用に供した月数/12ヵ月
　　　　＝50万円×0.200×3ヵ月/12ヵ月＝25,000円

（2）減価償却方法の選択

　減価償却については、納税者が償却方法を任意に選択できますが、**建物等**は定額法のみとなります。

- 建物……1998年4月1日以後の取得分
  └ 土地建物について、試験では「定額法」を前提として出題されるため、年月日を覚えなくてもok

(3) 少額の減価償却資産

減価償却資産であっても、<u>使用可能期間が短いもの</u>や<u>取得金額が少額なもの</u>は、次の方法で償却します。

	取得資産	償却の時期
少額の減価償却資産	取得価額10万円未満、または使用可能期間1年未満	事業の用に供した年に全額を必要経費に算入する

6 給与所得

給与所得は、会社員やアルバイトまたはパートが、会社から受け取る給与や賞与から生じる所得をいいます。

① 計算

給与所得の計算は次のとおりです。

給与所得＝収入金額－給与所得控除額

給与所得控除額の計算式

給与の収入金額		給与所得控除額
	162.5万円以下	55万円
162.5万円超	180万円以下	収入金額×40％－10万円
180万円超	360万円以下	収入金額×30％＋8万円
360万円超	660万円以下	収入金額×20％＋44万円
660万円超	850万円以下	収入金額×10％＋110万円
850万円超		195万円

給与所得控除額の計算式は暗記不要
最低の55万円と最高の195万円だけは覚えよう

課税方法

給与所得の課税方法は**総合課税**です。

応用 所得金額調整控除

　所得金額調整控除は、子育てや介護が必要な給与所得者の納税負担を軽減するために設けられた措置です。

　給与等の収入金額が 850 万円を超えると給与所得控除額は一律 195 万円になるものの、一定の要件を満たす場合には、給与等の収入金額から 850 万円を控除した金額の 10%を、総所得金額を計算する段階で給与所得から控除します（最高 15 万円）。

---

7 退職所得

　退職所得とは、退職金や企業年金（**確定拠出年金**や**確定給付型企業年金等**）の一時金などによる所得です。

① 計算

　退職所得の計算は次のとおりです（短期退職手当等および特定役員退職手当等を除く）。

$$退職所得＝（収入金額－退職所得控除額^※）\times \frac{1}{2}$$

※退職所得控除額

勤続年数	退職所得控除額
20 年以下	40 万円×勤続年数（最低 80 万円）
20 年超	800 万円＋70 万円×（勤続年数^※－20 年） └─ 40万円×20年

※勤続年数の 1 年未満の端数は 1 年に切り上げる

例　題

　勤続年数が 24 年 3 ヵ月の者が退職に伴い退職金 4,000 万円を受け取った場合の退職
所得の金額はいくらか。

- 勤続年数：25 年（24 年 3 ヵ月の端数は切り上げる）
- 退職所得：$(4,000 万円-1,150 万円^※)×\dfrac{1}{2}=\underline{1,425 万円}$
  ※退職所得控除額：800 万円＋70 万円×（25 年－20 年）＝1,150 万円

---

❷ 課税方法

　退職所得の課税方法は**分離課税**です。なお、勤務先に「**退職所得の受給に
関する申告書**」を提出したかどうかによって、源泉徴収される税額は異なり
ます。

提出している場合	勤続年数に応じて適正な税額が源泉徴収されるため、確定申告の必要はない
提出していない場合	退職所得控除が適用されず、一律収入金額の 20.42%（復興特別所得税を含む）が源泉徴収されるので、確定申告をすることで税金の還付を受けられる

例　題

　A さんは勤務先を退職し、個人事業を始めた。A さんの各種所得の金額が下記〈資料〉
のとおりである場合、所得税における総所得金額はいくらか。
〈資料〉
事業所得の金額 360 万円
給与所得の金額 200 万円（退職した勤務先から受給したもので、給与所得控除後の金額）
退職所得の金額 100 万円（退職した勤務先から受給したもので、退職所得控除後の残額
の 1/2 相当額）

　退職所得の金額は、分離課税の対象であるため総所得金額に算入しません。したがっ
て、事業所得と給与所得の金額を合算します。
360 万円＋200 万円＝<u>560 万円</u>

8 譲渡所得

　譲渡所得は、土地・建物・株式・公社債等の譲渡（売却）から生じる所得をいいます。

　譲渡所得には、総合課税になるものと分離課税になるものがあるので、注意が必要です。

1 譲渡所得にならないもの

- ●生活用動産（衣服、自転車、家具等）の譲渡による所得は非課税
  ただし、1個または1組の価額が30万円を超える貴金属・書画骨董等は譲渡所得
- ●個人事業主が商品や製品を反復継続的に譲渡するものは事業所得
  ただし、個人事業主が業務用の車両を譲渡した場合は譲渡所得

2 計算

　譲渡所得の計算は、譲渡する資産の種類によって3種類に分けられます。

(1) 土地・建物等（申告分離課税）

譲渡所得＝収入金額－（取得費＋譲渡費用）

Q参照 P281

	所有期間	税率
分離短期譲渡所得	譲渡年の1月1日における所有期間が5年以内のもの	39.63%（所得税30%、復興特別所得税0.63%、住民税9%）
分離長期譲渡所得	譲渡年の1月1日における所有期間が5年超のもの	20.315%（所得税15%、復興特別所得税0.315%、住民税5%）

（2）株式等（申告分離課税）

> 譲渡所得＝収入金額－（取得費＋譲渡費用＋負債利子）

	所有期間	税率
分離譲渡所得	長短の区別なし	20.315%（所得税 15%、復興特別所得税 0.315%、住民税 5%）

（3）その他（総合課税）

> 譲渡所得＝収入金額－（取得費＋譲渡費用）－特別控除額（最高 50 万円※）
> ※譲渡益の合計額が 50 万円以下のときは、その金額まで

	所有期間	税率
総合短期譲渡所得	所有期間が 5 年以内のもの	総合課税による累進課税※
総合長期譲渡所得	所有期間が 5 年超のもの	

※総合長期譲渡所得はその 2 分の 1 の金額を総所得金額に算入する

退職所得の計算上、1/2 を乗じるのは「所得」を算出するとき
一方、総合長期譲渡所得は「総所得金額」に算入するとき

例 題

Aさんには、退職収入が 2,000 万円（勤続年数 10 年）、書画の譲渡価額が 200 万円（取得費および譲渡費用 100 万円、所有期間 8 年）ある場合の退職所得および総合長期譲渡所得はいくらか。

退職所得（2,000 万円－ 40 万円× 10 年）× $\frac{1}{2}$ ＝800 万円
総合長期譲渡所得金額　200 万円－ 100 万円－ 50 万円（特別控除）＝50 万円
※総合長期譲渡所得金額 1/2 を乗じるのは、総所得金額を算出するタイミングであり、所得金額を算出するタイミングではありません。

総合課税と土地・建物等の分離課税の違い

※2018年8月15日に取得した土地・建物を譲渡し、長期譲渡所得に該当するためには、譲渡年の1月1日における所有期間が5年超となる2024年1月1日以降に譲渡する必要があります。

9 一時所得

一時所得とは、営利を目的とした継続的な行為から発生した所得以外で、一時に生じる所得をいいます。

① 一時所得の例

一時所得には次のようなものがあります。

- 生命保険の満期保険金（解約返戻金）や損害保険の満期返戻金
  └ 保険料負担者＝満期保険金受取人の場合　🔍参照 P113
- 個人が法人から贈与により取得した財産（例　ふるさと納税の返礼品）　など

② 計算

一時所得の計算は次のとおりです。

> 一時所得＝収入金額－収入を得るための支出金額－特別控除額
>
> （最高 50 万円※）
>
> ※譲渡益の合計額が 50 万円以下のときは、その金額まで

③ 課税方法

一時所得の課税方法は**総合課税**です。ただし、**総所得金額に算入するのは
一時所得の金額の 2 分の 1** です。

　　　　　　└──一時所得や総合長期譲渡所得は、退職所得と異なり、「総所得金
　　　　　　　　額」に算入するタイミングで1/2を乗じる

例 題

　所得税の一時所得に係る生命保険の満期保険金が 400 万円、総支払保険料が 300 万
円の場合、総所得金額に算入される一時所得の金額はいくらか。

一時所得金額：収入金額（400 万円）－総支払保険料(300 万円)－**50 万円**＝50 万円
総所得金額に算入される一時所得金額：50 万円×$\frac{1}{2}$＝<u>25 万円</u>

10 山林所得

山林所得とは、山林を伐採して譲渡したり、立木のまま譲渡することに
よって生じる所得をいいます。課税方法は分離課税です。

11 雑所得

雑所得とは、他の所得のいずれにも該当しない所得をいいます。

1 雑所得の例

● 公的年金（老齢基礎年金、老齢厚生年金、企業年金等）の老齢給付金
● 個人年金保険から受け取る年金
● 為替予約をしていない外貨預金の為替差益　🔍参照 P169

など

2 計算

雑所得は、主に①公的年金等と②公的年金等以外に分類され、次のとおり計算します。

①雑所得（公的年金等）＝収入金額－公的年金等控除額※

※公的年金等控除額は、受給者の年齢が65歳未満か65歳以上かによって異なる

65歳以上で公的年金等の収入金額が330万円未満（公的年金等に係る雑所得以外の合計所得金額が1,000万円以下）の場合、控除額は**110万円**です。

②雑所得（公的年金等以外）＝総収入金額－必要経費

3 課税方法

雑所得の課税方法は**総合課税**です。

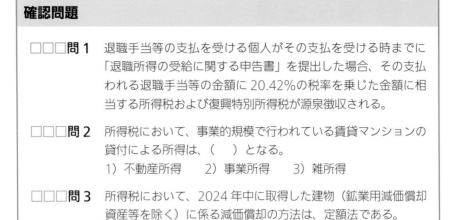

確認問題

□□□**問1** 退職手当等の支払を受ける個人がその支払を受ける時までに「退職所得の受給に関する申告書」を提出した場合、その支払われる退職手当等の金額に 20.42％の税率を乗じた金額に相当する所得税および復興特別所得税が源泉徴収される。

□□□**問2** 所得税において、事業的規模で行われている賃貸マンションの貸付による所得は、（　　）となる。
1）不動産所得　　2）事業所得　　3）雑所得

□□□**問3** 所得税において、2024年中に取得した建物（鉱業用減価償却資産等を除く）に係る減価償却の方法は、定額法である。

解答

問1 ✕ 退職手当等の支払を受ける個人が「退職所得の受給に関する申告書」を**提出しない**場合、退職所得控除は適用されず、退職手当等の金額につき 20.42％の税率による源泉徴収が行われるため確定申告を行って精算します。

問2 1 所得税において、賃貸マンションの貸付による所得は、事業的規模（5棟10室以上）で行われている場合であっても**不動産所得**となり、事業所得とはなりません。

問3 ○ 1998年4月1日以後に取得する建物の減価償却方法は、**定額法**のみとなります。

5 損益通算

各種所得の金額を計算した後、損益通算を行います。**損益通算**とは、各種
所得の中で利益となった所得から、損失となった所得を差し引く（相殺す
る）ことをいいます。これにより、課税対象となる所得を減らすことができ
ます。

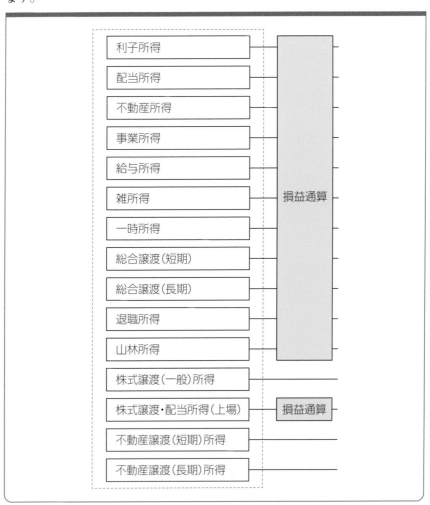

1 損益通算できる損失

損益通算の対象となる損失は、以下の4つの所得で生じた損失に限定されます。

---

①不動産所得 ②事業所得 ③山林所得 ④譲渡所得

└─ 不事山譲（ふじさんじょう）←富士山上と覚える

上記以外の所得区分（一時所得、雑所得など）は、損失が生じても損益通算ができません。

ひとこと

〈損益通算ができる場合〉

給与所得が500万円、事業所得の損失が100万円ある場合

500万円−100万円＝400万円に課税されるので、税負担が軽減されます。

〈損益通算ができない場合〉

給与所得が500万円、一時所得の損失が100万円ある場合

500万円がそのまま課税されるので、税負担が軽減されません。

2 損益通算できない損失

また、上記の①〜④の所得で生じた損失であっても、すべて損益通算できるわけではなく、不動産所得と譲渡所得の一部は損益通算ができません。

損益通算できない損失	
不動産所得	• 不動産所得の損失のうち、必要経費に算入した<u>土地等</u>を取得するための借入金の利子部分の金額など　_{建物を取得するための負債利子は損益通算できる}
譲渡所得	• 土地建物等の譲渡損失（一定の居住用不動産を除く） • 株式等の譲渡損失（申告分離課税の配当所得等との通算を除く）

参照 P170

- 生活に通常必要でない資産の譲渡損失

  例）別荘、**ゴルフ会員権**、1 個または 1 組 **30 万円を超える**
  書画・骨董などの譲渡損失

確認問題

□□□ **問 1** 上場株式を譲渡したことによる譲渡所得の金額の計算上生じた
損失の金額は、確定申告をすることにより、不動産所得や事業
所得などの他の所得金額と損益通算することができる。

□□□ **問 2** 下記の〈資料〉において、所得税における不動産所得の金額の
計算上生じた損失の金額のうち、他の所得の金額と損益通算が
可能な金額は、（　　）である。

〈資料〉不動産所得に関する資料

総収入金額	200 万円
必要経費	400 万円（不動産所得を生ずべき土地等を取得するために要した負債の利子の額 60 万円を含む）

　　1）140 万円　　2）200 万円　　3）400 万円

解答

問 1　✕　上場株式を譲渡したことによる譲渡所得の金額の計算上生じた損
失の金額は、原則として他の所得金額と損益通算することができ
ません。

問 2　1　不動産所得において、土地等を取得するために要した負債の利子
は、損益通算の対象外となります。
損益通算可能額＝200 万円−（400 万円−60 万円）
　　　　　　　　＝▲ 140 万円

6　損失の繰越控除

1　純損失の繰越控除　Ⓐ

　個人事業主の事業所得から生じた損失などは損益通算を行うことができますが、損失が大きく損益通算をしてもマイナスが解消できない場合があります。

🔍参照 P236

　このように損益通算しても控除しきれなかった損失について、青色申告をしている場合、翌年以降、最長3年間にわたって各年の黒字の所得から控除することができます。これを純損失の繰越控除といいます。

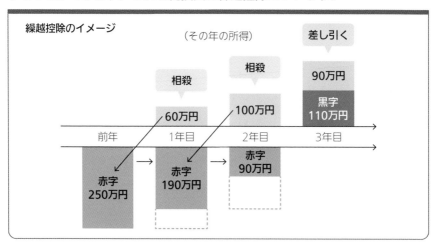

繰越控除のイメージ

（その年の所得）

差し引く

相殺

相殺

90万円

黒字
110万円

100万円

60万円

前年　　1年目　　2年目　　3年目

赤字
90万円

赤字
250万円

赤字
190万円

2　雑損失の繰越控除

🔍参照 P217

　雑損控除をしても控除しきれなかった損失は、翌年以降、最長3年間にわたって繰越控除ができます。これを雑損失の繰越控除といいます。

実技試験にチャレンジ！

　　　　　　　　金財　個人資産相談業務（改題）

〈Aさんとその家族に関する資料〉

Aさん　　（61歳）：個人事業主（青色申告者）

妻Bさん（58歳）：Aさんの事業に専ら従事し、青色事業専従者給与（2024年
　　　　　　　　　　分：84万円）の支払を受けている。

〈Aさんの2024年分の収入等に関する資料〉

(1) 事業所得の金額 　　　　　： 　500万円（青色申告特別控除後）

(2) 不動産所得の金額

総収入金額	200万円
必要経費	400万円（不動産所得を生ずべき土地等を取得するために要した負債の利子の額50万円を含む）

(3) 一時払養老保険（10年満期）の満期保険金

契約年月　　　　　　　　　　　　：2014年7月

契約者（＝保険料負担者）・被保険者：Aさん

　一時払保険料　　　　　　　　　：165万円

満期保険金受取人　　　　　　　　：Aさん

　満期保険金額　　　　　　　　　：217万円

問　Aさんの2024年分の所得税における総所得金額は、次のうちどれか。

1)　351万円

2)　352万円

3)　391万円

解答・解説

答 1

　　事業所得：500万円

　不動産所得の損失は損益通算ができますが、不動産所得を生ずべき土地等を取得するために要した負債の利子の額は、損益通算をすることができません。

　　不動産所得：200万円－（400万円－50万円）＝▲150万円

　一時払いの養老保険の満期保険金（10年満期）は、一時所得として課税されます。

　　一時所得：217万円－165万円－50万円（特別控除）＝2万円

　　総所得金額に算入される一時所得の金額：2万円×$\dfrac{1}{2}$＝1万円

　以上より、Aさんの所得税における総所得金額は次のとおりです。

　　500万円－150万円＋1万円＝<u>351万円</u>

7 所得控除

所得控除とは、総所得金額等から一定額を控除するものです。所得税を計算する際に各納税者の個人的事情を加味するためです。

納税負担が軽くなるので、控除額が大きいほどうれしい

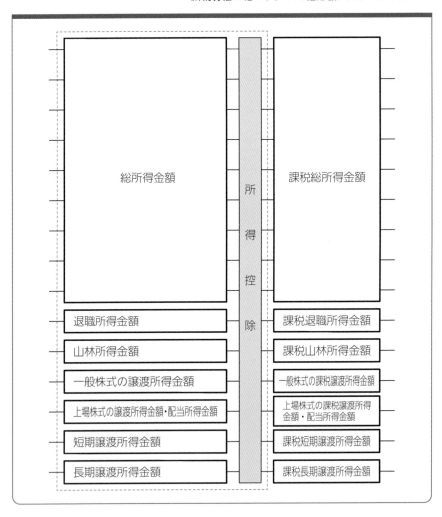

216

1 雑損控除

雑損控除とは、本人や本人と<u>生計を一にする</u>配偶者・親族が所有する家財等、生活に通常必要な資産が災害・盗難・横領によって損害を被った場合に、支出した金額に対して控除されるものです。

●配偶者・親族等の総所得金額が 48 万円以下であること
●給与所得者でも確定申告が必要
●控除しきれない場合は、翌年以降 3 年間の繰越控除ができる
🔍参照 P213

2 医療費控除

医療費控除とは、本人や本人と<u>生計を一にする</u>配偶者・親族の診療や治療のために支払った医療費が控除されるものです。

主な対象となるもの	主な対象とならないもの
・医師や歯科医師による診療や治療費 ・治療や療養のための薬代（<u>処方箋は不要</u>） └ドラッグストア等で購入した薬代等も対象 ・電車やバス等による通院費（病状によってはタクシー代も認められる） ・入院時に病院等に支払った食事代	・人間ドックその他の健康診断料（健康診断の結果、重大な疾病が発見され、かつ治療した場合は、その健康診断料も医療費控除の対象） ・入院の際の洗面具等の購入費 ・自家用車による通院に伴うガソリン代や駐車料金代 ・病気の予防・健康増進のための医薬品・健康食品の購入費

●同一生計親族に所得要件はない
●年末時点で未払いの場合は対象外
●確定申告が必要（e-Tax で確定申告する場合、添付は省略可能）

<u>控除額の計算</u>

① 支払った医療費の額－保険金等から補てんされる金額[※]
② 総所得金額等の合計額×5%
　 10万円 ｝少ないほう
③ ①－②＝控除額（200万円が限度）
※生命保険等から支給される入院給付金、高額療養費など

● セルフメディケーション税制（医療費控除の特例）

　健康保持増進および疾病予防への一定の取組みを行っている人が、本人または同一生計親族の購入した特定一般用医薬品等（スイッチOTC医薬品）について、その支払った金額が年間12,000円を超える場合、医療費控除の特例（セルフメディケーション税制）を受けることができます。

　なお、従来の医療費控除とは選択適用（併用不可）となります。

セルフメディケーション
税 控除 対象

<u>控除額</u>　医師から処方される医療用医薬品のうち、副作用が少ない
　　　　　ものを市販薬（OTC医薬品）に転用（スイッチ）したもの

① <u>スイッチOTC</u>医薬品購入費用－保険金等から補てんされる金額
② 12,000円
③ ①－②＝控除額（88,000円が限度）

例題

A さんが 2024 年中に支払った医療費等が次の〈資料〉のとおりであった場合、A さんの所得税の確定申告における医療費控除額はいくらか。給与所得は 500 万円とする。

〈資料〉

支払年月	医療等を受けた人	内容	支払金額
2024 年 3 月		人間ドック代（※ 1）	8 万円
2024 年 7 月	A さん	入院費用（※ 2）	31 万円
2024 年 9 月		健康増進のためのビタミン剤の購入費	3 万円
2024 年 10 月	A さんの妻 （A さんが支払った）	骨折の治療のために整形外科へ支払った治療費	5 万円

（※ 1）人間ドックの結果、重大な疾病は発見されていない。
（※ 2）この入院について、加入中の生命保険から入院給付金 6 万円が支給された。

　2024 年 3 月の人間ドック代は、重大な疾病が発見されていないので医療費控除の対象外です。

　2024 年 7 月の入院費用は入院給付金が 6 万円支給されているので、25 万円（31 万円－ 6 万円）が医療費控除の対象です。

　2024 年 9 月の健康増進のためのビタミン剤の購入費は、医療費控除の対象外です。

　2024 年 10 月の骨折の治療のための治療費 5 万円は、医療費控除の対象です。

　A さんと生計を一にする妻の医療費を A さんが支払った場合、A さんの医療費控除の対象となります。

　よって、25 万円＋5 万円－ 10 万円※＝<u>20 万円</u>

　※ 10 万円＜ 25 万円（500 万円×5%）

3　社会保険料控除　

　社会保険料控除とは、本人や本人と**生計を一にする**配偶者・親族のために負担した社会保険料（健康保険・介護保険・国民年金・厚生年金保険・**国民年金基金**など）が所得控除の対象となるものです。

　社会保険料控除は、支払った**全額**が所得控除の対象となります。

4 小規模企業共済等掛金控除

小規模企業共済等掛金控除とは、本人が支払う小規模企業共済の掛金や、確定拠出年金の掛金について所得控除の対象となるものです。🔍参照 P073～075

本人が本人以外の掛金を負担（夫が妻の掛金を負担）しても、本人の所得控除の対象とはなりません。

小規模企業共済等掛金控除は、全額が控除の対象となります。

5 生命保険料控除

生命保険料控除とは、生命保険料を支払った場合に控除の対象となるものです。「一般」「個人年金」「介護医療」に区分（2012年1月1日以降）され、控除額はそれぞれ最高4万円です。🔍参照 P109

加入した年分から勤務先の年末調整で適用を受けることができます。

6 地震保険料控除

地震保険料控除とは、地震保険料を支払った場合に控除の対象となるものです。地震保険料の全額（最高5万円）が控除されます。🔍参照 P127

7 寄附金控除（ふるさと納税）

納税者が任意に選択した地方公共団体に寄附すると、2,000円を超える金額について所得税から控除を受けることができます。

年間の寄附先が5自治体までであれば、確定申告をしなくても寄附金控除が受けられるワンストップ特例制度があります（翌年度分の住民税から控除）。

8 配偶者控除

配偶者控除とは、合計所得金額が一定額以下の配偶者を有する場合に適用されるものです。

- ●納税者の合計所得金額が 1,000 万円以下であること
- ●納税者と生計を一にする配偶者の合計所得金額が 48 万円（給与収入のみの場合は 103 万円）以下であること
- ●配偶者が<u>青色事業専従者</u>・事業専従者の場合は対象外

 参照 P237

控除額

納税者の合計所得金額		控除対象配偶者	老人控除対象配偶者※
	900 万円以下	**38 万円**	48 万円
900 万円超	950 万円以下	26 万円	32 万円
950 万円超	1,000 万円以下	13 万円	16 万円

※その年の 12 月 31 日現在の年齢が 70 歳以上の者

たなけん ポイント ●配偶者控除の対象が給与収入 103 万円以下である理由

配偶者の給与収入が 103 万円のみの場合、給与所得控除額は 55 万円なので給与所得は 48 万円となります。その金額が、配偶者控除の要件である合計所得金額 48 万円となるからです。

9 配偶者特別控除

配偶者特別控除は配偶者控除の対象にならない場合で、一定の要件を満たす場合に、最高 38 万円が控除されるものです（配偶者の合計所得金額により控除額は異なります）。

●納税者の合計所得金額が 1,000 万円以下であること
●納税者と生計を一にする配偶者の合計所得金額が 48 万円超 133 万円
　以下であること
●配偶者が青色事業専従者・事業専従者の場合は対象外
●配偶者控除との併用はできない

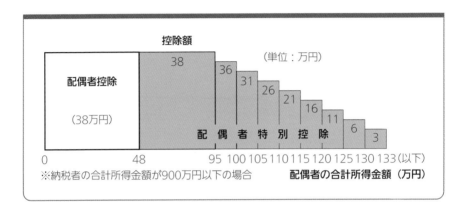

※納税者の合計所得金額が900万円以下の場合

10　扶養控除

扶養控除は、合計所得金額が一定額以下の扶養親族を有する場合に適用されます。納税者本人について、合計所得金額の制限はありません。

●扶養親族（配偶者以外の親族で同一生計の者）の合計所得金額が 48
　万円（給与収入のみの場合は 103 万円）以下であること
●配偶者が青色事業専従者・事業専従者の場合は対象外

控除額

区分^{※1}	1人当たりの控除額
16 歳未満	ゼロ
16 歳以上 19 歳未満（一般の控除対象扶養親族）	38 万円
19 歳以上 23 歳未満（特定扶養親族）	63 万円
23 歳以上 70 歳未満（一般の控除対象扶養親族）	38 万円
70 歳以上（老人扶養親族）	48 万円
	58 万円（同居老親等^{※2}）

※ 1　年齢は原則として 12 月 31 日時点
※ 2　同居老親等とは、老人扶養親族のうち、本人または配偶者の直系尊属（父母等）で、本人または配偶者のいずれかとの同居を常況としている者
※ 2026 年以降、16 歳以上 19 歳未満の扶養親族について、所得税では 25 万円に変更予定

●**なぜ 16 歳未満の子は控除対象扶養親族とはならないのか？**

　　16 歳未満の子は児童手当の支給対象であるため、控除対象扶養親族からは外れます。

11　基礎控除　

　基礎控除は、納税者本人の合計所得金額が <u>2,500 万円以下</u> の場合に適用されます。
　　　　　　　　　　　　　　　　　　　└ほとんどの人は適用できる

控除額

合計所得金額		控除額
	2,400 万円以下	48 万円
2,400 万円超	2,450 万円以下	32 万円
2,450 万円超	2,500 万円以下	16 万円
2,500 万円超		―

12 その他の所得控除

　所得控除には前述したもの以外に次のものがあります。出題頻度は下がるので、金額を中心に覚えてください。

控除	主な適用要件	控除額（限度額）
寡婦控除※	納税者本人が寡婦である場合 └ 夫と死別または離婚して再婚していない人	27万円
ひとり親控除※	納税者本人がひとり親である場合 └ 寡婦控除との選択 性別を問わないので男性も対象	35万円
勤労学生控除	納税者本人が勤労学生である場合	27万円
障害者控除	納税者または扶養親族等が障害者である場合	27万円～75万円

※寡婦控除とひとり親控除の同時適用はできません。また、どちらとも本人の合計所得金額が500万円以下という要件があります。

確認問題

□□□**問1**　所得税において、生計を一にする配偶者の合計所得金額が38万円を超える場合、配偶者控除の適用を受けることはできない。

□□□**問2**　所得税において、納税者の2024年分の合計所得金額が1,000万円を超えている場合、2024年末時点の年齢が16歳以上の扶養親族を有していても、扶養控除の適用を受けることはできない。

□□□**問3**　所得税において、国民年金基金の掛金は、社会保険料控除の対象となる。

□□□**問4**　所得税において、納税者の合計所得金額が2,400万円以下である場合、基礎控除の額は、（　　）である。
　　　　1）38万円　　2）48万円　　3）63万円

解答

問1　✕　控除対象配偶者とは、合計所得金額が1,000万円以下である納税者本人と生計を一にする配偶者（合計所得金額が**48万円以下**）をいいます。

問2　✕　扶養控除の適用を受ける要件として、**納税者本人の合計所得金額の制限はありません。**

問3　○　国民年金基金の掛金は、社会保険料控除の対象となります。

問4　2　所得税における基礎控除の額は、納税者本人の合計所得金額が2,400万円以下の場合、**48万円**となります。

8 　納付税額の計算

1 　納付税額の計算

7 **所得控除**により算出した課税総所得金額や課税退職所得金額などの課税所得金額に税率を乗じて税額を計算し、所得税額を算出します。

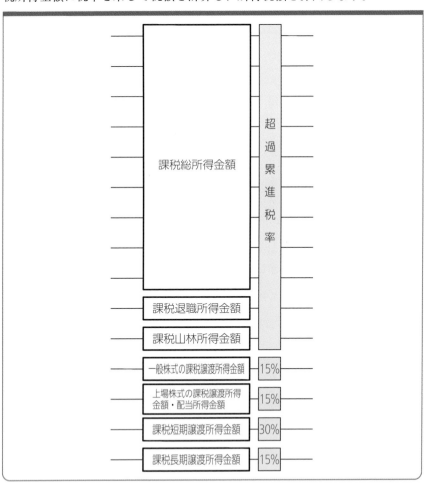

税率（超過累進税率）──数字の暗記は不要

課 税 総 所 得 金 額 等 …(A)		税　額	
	195万円以下	(A)× 5%	
195万円超	330万円以下	(A)×10%	－ 97,500円
330万円超	695万円以下	(A)×20%	－ 427,500円
695万円超	900万円以下	(A)×23%	－ 636,000円
900万円超	1,800万円以下	(A)×33%	－1,536,000円
1,800万円超	4,000万円以下	(A)×40%	－2,796,000円
4,000万円超		(A)×45%	－4,796,000円

例題

　課税総所得金額200万円に対する所得税額（復興特別所得税を含まない）はいくらか。

- -

200万円×10%－97,500円＝<u>102,500円</u>

2　復興特別所得税

　所得税には、東日本大震災の復興財源として、復興特別所得税が2.1%加算されます。

　なお、**住民税**には復興特別所得税は課されません。

●20.315%とは？

　復興特別所得税は所得に乗じるのではなく、所得税に乗じます。

　たとえば、上場株式等の課税譲渡所得金額には、20.315%（所得税15%、復興特別所得税0.315%、住民税5%）が課されます。

　この0.315%とは、所得税15%に2.1%を乗じて0.315%（15×0.021）と算出されたものです。

税額控除

8 納付税額の計算により算出した算出税額から、配当控除・住宅借入金等特別控除などの一定額を、控除適用前の所得税額を限度に控除することができます。これを**税額控除**といいます。

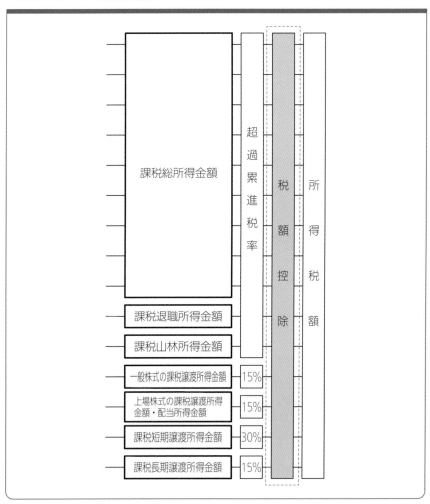

1 配当控除

　国内株式の配当金は、通常、企業に法人税が課された後の利益を分配しますが、さらに所得税が課されると二重課税になってしまいます。これを調整するため、**総合課税**を選択した配当所得がある場合は、所得税額からその配当所得の金額の10％（一部は5％）を**配当控除**として控除できます。

配当控除の対象とならない配当等

- ●申告不要または申告分離課税の適用を受けたもの
- ●不動産投資信託（J-REIT）の収益分配金

控除額

課税総所得金額等が 1,000万円以下の場合	配当控除額＝配当所得の金額×10％
課税総所得金額等が 1,000万円超の場合	配当控除額＝（1,000万円超の部分の金額に含まれる配当所得）×5％＋その他の配当所得×10％

2 定額減税

　2024年度税制改正により、2024年分の所得税および2025年度分の住民税において特別控除の額が控除される定額減税が行われます。

所得制限	2024年分（所得税の場合）の合計所得金額が **1,805万円**以下 ※給与所得者は収入金額が **2,000万円**以下	
特別控除の額	所得税	本人：**3万円** 同一生計配偶者および扶養親族：1人につき **3万円**
	個人住民税	本人：**1万円** 控除対象配偶者および扶養親族：1人につき **1万円**

※所得税は本人の所得税額が上限、住民税は本人の所得割の額が上限

└ 前年の所得に応じて負担する額

3 住宅借入金等特別控除（住宅ローン控除）

　住宅ローン控除は、個人が住宅ローンを利用して一定の要件を満たす住宅を取得、または増改築した場合に、所得税額から一定額を控除できる制度です。

住宅要件	● 住宅の床面積が 50㎡以上であること 　ただし、合計所得金額が 1,000 万円以下である場合には 40㎡以上 50㎡未満（2024 年 12 月 31 日までに建築確認を受けた新築に限る）であるものについても適用がある ● 中古住宅は、新耐震基準などの要件を満たすものであること ● 居住部分の床面積が 2 分の 1 以上であること （これを満たせば店舗併用住宅も対象）
借入金要件	● 償還期間が 10 年以上であること 　繰上返済により償還期間が 10 年未満となった場合、その年以後、適用は受けられない
居住要件	● 新築または取得の日から 6ヵ月以内に居住の用に供し、適用を受ける各年の 12 月 31 日まで引き続き居住していること
所得要件	● 適用を受ける年の合計所得金額が 2,000 万円以下であること
手続き	● 給与所得者は居住年分（最初の年分）において、確定申告が必要。2 年目以降は年末調整で税額控除が受けられる

住宅ローン控除の控除額

	控除期間	控除率	住宅性能	年末のローン残高（限度額） 居住開始年 2024、2025 年
新築	13 年	0.7%	長期優良・ 低炭素住宅	4,500 万円※
中古	10 年		一定の認定住宅	3,000 万円
			一般住宅	2,000 万円

※子育て世帯（19 歳未満の扶養親族を有する者または夫婦のいずれかが 40 歳未満）が 2024 年中に入居した場合は 5,000 万円が上限となる

●**所得控除と税額控除はどちらが節税効果が高い？**

　所得控除は、税率を乗じる<u>前</u>の総所得金額から控除するため、節税の効果が薄くなります。一方、税額控除は、税率を率じた<u>後</u>の税額から直接控除するため、節税の効果が高くなります。

確認問題

☐☐☐**問1**　住宅ローンを利用してマンションを取得し、所得税の住宅借入金等特別控除の適用を受ける場合、借入金の償還期間は、13年以上でなければならない。

☐☐☐**問2**　住宅ローンを利用して住宅を新築した個人が、所得税の住宅借入金等特別控除の適用を受けるためには、当該住宅を新築した日から3ヵ月以内に自己の居住の用に供さなければならない。

☐☐☐**問3**　給与所得者が所得税の住宅借入金等特別控除の適用を受ける場合、その適用を受ける最初の年分については、年末調整の対象者であっても、確定申告をしなければならない。

解答

問1　✕　住宅借入金等特別控除の適用を受ける場合、借入金の償還期間は**10年以上**でなければなりません。

問2　✕　住宅ローンを利用して住宅を新築した個人が、所得税の住宅借入金等特別控除の適用を受けるためには、住宅の新築等の日から**6ヵ月以内**に居住の用に供していることが必要です。

問3　○　なお、2年目以降は年末調整により住宅借入金等特別控除の適用を受けることができます。

【給与所得の源泉徴収票】

　会社員などの給与所得者は、会社などの給与支払い者から、その年の年間給与の金額や源泉徴収された金額が記載された源泉徴収票を受け取ります。

所得控除額

令和 5 年分　　**給与所得の源泉徴収票**（一部抜粋）

支払を受ける者	住所又は居所	東京都○○市2−3−4			

（受給者番号）	
（個人番号） 1 2 3 4 5 6 7 8 9 0 1 2	
（役職名）	
氏名 （フリガナ）カンダ ミサオ　　神田 美佐男	

給与所得金額　給与等の総額

種　別	支　払　金　額	給与所得控除後の金額	所得控除の額の合計額	源泉徴収税額
給料・賞与	内　　　　円 5,552,000	円 4,001,600	内　　　　円 2,641,112	内　　　円 69,400

控除対象配偶者の有無等		配偶者（特別）控除の額	控除対象扶養親族の数（配偶者を除く。）						16歳未満扶養親族の数	障害者の数（本人を除く。）		非居住者である親族の数
有	従有		特定		老人		その他			特別	その他	
			人 従人	内	人 従人	内	人 従人	人		内　人	人	人
○		老人　　　　　380,000					3					

社会保険料等の金額	生命保険料の控除額	地震保険料の控除額	住宅借入金等特別控除の額
内　　　　円 565,812	円 67,300	円 8,000	円

（摘要）

企業が給与などを支払う際に、
あらかじめ差し引く所得税と復興特別所得税のこと

生命保険料の金額の内訳	新生命保険料の金額 円 74,800	旧生命保険料の金額 円	介護医療保険料の金額 円	新個人年金保険料の金額 円	旧個人年金保険料の金額 円

住宅借入金等特別控除の額の内訳	住宅借入金等特別控除適用数	居住開始年月日(1回目) 年　月　日	住宅借入金等特別控除区分(1回目)	住宅借入金等年末残高(1回目) 円
	住宅借入金等特別控除可能額 円	居住開始年月日(2回目) 年　月　日	住宅借入金等特別控除区分(2回目)	住宅借入金等年末残高(2回目) 円

控除対象配偶者	（フリガナ）カンダ ミサキ		区分	配偶者の合計所得 100,000	国民年金保険料等の金額 円	旧長期損害保険料の金額 円
	氏名 神田 岬				基礎控除の額 円	所得金額調整控除額 円
	個人番号					

控除対象扶養親族	1	（フリガナ）カンダ タロウ	区分	16歳未満の扶養親族	（フリガナ）	区分	（備考）
		氏名 神田 太郎			氏名		
		個人番号					
	2	（フリガナ）カンダ ハナコ	区分		（フリガナ）	区分	
		氏名 神田 花子			氏名		
		個人番号					
	3	（フリガナ）カンダ イチロウ	区分		（フリガナ）	区分	
		氏名 神田 一郎			氏名		
		個人番号					

未成年者	外国人	死亡退職	災害者	乙欄	本人が障害者 特別 その他	寡婦	ひとり親	勤労学生	中途就・退職				受給者生年月日			
									就職 退職 年 月 日				元号	年	月	日
													昭和	55	11	19

源泉徴収票の見方

給与所得控除後の金額	4,001,600	給与所得控除**後**の金額なので、給与所得控除額は 1,550,400 円（5,552,000 円－4,001,600 円） 別解：5,552,000 円×20％＋44 万円＝1,550,400 円
所得控除の額の合計額	2,641,112	《内訳》 ● 社会保険料控除額　　565,812 円 ● 生命保険料控除額　　　67,300 円 ● 地震保険料控除額　　　　8,000 円 ● 配偶者控除の額　　　380,000 円 ● 扶養控除額　　　1,140,000 円＝380,000 円※×3人 ● 基礎控除額　　　　　480,000 円 ※一般の控除対象扶養親族の場合

10 申告と納付

1 確定申告

　確定申告とは、1月1日から12月31日までの1年間の所得額を納税者が算出し、原則として、翌年2月16日から3月15日までの間に納税地の所轄税務署長に申告・納付することをいいます。

2 給与所得者の源泉徴収と年末調整 Ⓑ

　給与所得者の場合、給与支払者（会社）が給与を支払う際に、一定の所得税（仮）を給与等から差し引いて納めます。これを**源泉徴収**といいます。

　源泉徴収により毎月差し引かれる所得税額は、あくまで概算です。そのため、給与所得者の年収が確定する年末に、それまでの過不足分が調整され、納税手続きは終了します。これを**年末調整**といいます。一般的な給与所得者が原則として、確定申告が不要なのはこのためです。

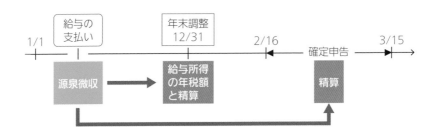

3 給与所得者の申告

（1）確定申告が必要なケース

　次のいずれかに該当する場合は、給与所得者でも確定申告が必要です。

- ●給与等の収入金額が 2,000 万円を超える人
- ●給与所得および退職所得以外の所得金額が 20 万円を超える人
- ● 2ヵ所以上から給与の支払いを受けている人

（2）申告により還付が受けられるケース

次のいずれかに該当する場合は、申告により税金の還付を受けることができます。

- ●雑損控除・医療費控除・寄附金控除の適用を受ける場合
- ●住宅借入金等特別控除の適用を受ける最初の年（2 年目以降は年末調整で可能）

（3）確定申告が不要なケース

- ●公的年金等の収入金額が 400 万円以下で、かつ、年金以外の所得の合計が 20 万円以下の人

たなけんポイント　●医療費控除等はなぜ年末調整ができないの？

医療費などは年末まで発生する可能性があり、12 月 31 日が終わるまで控除額が確定しないためです。

4 準確定申告

確定申告を要する納税者が死亡した場合、その相続人が相続の開始があったことを知った日の翌日から 4ヵ月以内に納税者の所轄税務署長に対して、準確定申告書を提出しなければなりません。

青色申告

青色申告は、個人事業主が正規の簿記の原則にしたがって取引を帳簿に記録し、それに基づいて申告する場合にさまざまな特典を設ける制度です。

一方で、青色申告者でない個人事業主などの申告を白色申告といいます。

1 青色申告の要件

青色申告を行う事業者は、次の要件を満たす必要があります。

- 不動産所得、事業所得、山林所得のいずれかの所得がある者
  - └ 給与所得しかない会社員等は青色申告をすることはできない
  - └ 「翌年の3月15日まで」ではない
- 青色申告をしようとする年の3月15日まで（1月16日以後に開業する者は開業日から2ヵ月以内）に「青色申告承認申請書」を税務署に提出すること
- 一定の帳簿書類を備え付けて、正規の簿記の原則にしたがって取引を記帳し、それに基づいて作成した貸借対照表および損益計算書を提出すること
- 帳簿・決算関係書類は7年間保存すること

2 青色申告の特典

青色申告を行うことで、次のような特典があります。

① 青色事業専従者給与の必要経費の算入

青色申告者が生計を一にする親族（年間 6 ヵ月を超えてもっぱら事業に従事している）に給与を支払った場合、青色事業専従者給与として全額（適正な範囲内）を必要経費に算入できます。

　　　　　　　必要経費が増えるということは、課税される所得が減るので税負担が減る

ただし、配偶者控除や配偶者特別控除、扶養控除の適用は受けられません。

> **応用**
>
> 不動産所得の場合、事業的規模でなければ青色事業専従者給与の対象外です。

> **応用**
>
> 白色申告者である事業主が事業専従者を有している場合は、その事業専従者が配偶者であるときは原則 86 万円、その他の親族であるときは原則として 50 万円を必要経費とみなすことができます。

② 青色申告特別控除

事業的規模の不動産所得または事業所得がある青色申告者は、原則 55 万円（e-Tax による電子申告等を行うと 65 万円）の特別控除の適用を受けることができます（期限後申告や山林所得などは 10 万円）。

③ 純損失の繰越控除

青色申告者は、事業から生じた損失について、翌年以降、最長 3 年間にわたり**純損失の繰越控除**ができます。 **Q 参照** P213

5章 不動産

不動産の取得から売却までの法令や税金を理解しよう!

学科 重要論点 BEST **3**

借地借家法 …… 借地権、借家権
建築基準法 …… 道路に関する制限、建蔽率
不動産の譲渡に係る税金 …… 3,000万円特別控除および軽減税率の特例

実技 重要論点 BEST **3**

【 金財　個人資産相談業務 】
建蔽率・容積率 …… 建蔽率および容積率の上限面積の計算
不動産の登記制度 …… 不動産登記の見方
不動産の有効活用 …… 事業用定期借地権方式、等価交換方式など

【 金財　保険顧客資産相談業務 】
出題なし

【 日本FP協会　資産設計提案業務 】
建蔽率・容積率 …… 建蔽率および容積率の上限面積の計算
土地の価格 …… 公的な土地評価に関する穴埋め問題
媒介契約 …… 媒介契約（一般、専任、専属専任）に関する穴埋め問題

1 　不動産の基本

不動産とは、土地および建物などをいいます。

1 　土地（宅地）の類型と権利

土地（宅地）は権利や利用に応じて分類されます。

（1）自用地

自用地とは、他人が利用する権利を持たない土地をいいます。例えば、土地・建物をともにAさんが所有し、Aさん自身が使用している土地が自用地です。

（2）貸家建付地

貸家建付地とは、貸家の敷地の用に供されている土地をいいます。例えば土地・建物ともにAさんが所有し、建物を貸家としてBさんに利用させている土地が貸家建付地です。

（3）貸宅地と借地権

貸宅地とは、他人が建物を建てて使用することを目的として貸す土地のことをいいます。

借地権とは、他人から借りている土地の上に建物を建てて使用する権利のことをいいます。

自用地

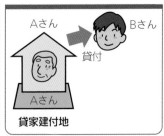
貸家建付地

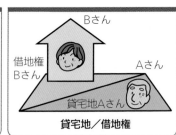
貸宅地／借地権

2　不動産の登記制度

　土地や建物を購入したいと考えた場合、その情報はどのように取得すればよいのでしょうか。その情報を知ることができるのが、不動産登記記録（登記簿）や図面です。

1　不動産の情報　

❶　不動産登記記録

　不動産登記記録には、対象不動産の「所在地、所有者、貸したお金が返ってこないときの回収できる権利」などが記録されています。不動産登記記録は、**法務局**（登記所）で**登記事項証明書**（登記記録の内容を証明するもの）の交付申請をすれば、**誰でも記載事項を確認**できます。

　登記事項証明書は、オンライン（インターネット）請求が可能ですが、受け取るのは郵送または窓口になります。

❷　地図と公図

　法務局には、次のとおり地図や公図が備え付けられています。

　地図（不動産登記法14条）は、現地を測量して作成した精度の高いものです。

　現状は地図の整備が十分に整っていないため、地図に**準ずる図面として公図**が登記所に備えられています。

地図	現地復元能力を有する精度の高いもの
公図	地図と異なり精度はあまり高くない

不動産登記記録は、一筆の土地または1個の建物ごとに作成されています。

不動産登記記録は、**土地や建物の所在**などが記載されている表題部と、**所有権などの権利に関する内容**が記載されている権利部に区分（さらに甲区と乙区に区分）されています。

	登記事項	登記申請人の義務	内容	
表題部	土地・建物等の概要を表示	義務あり（1ヵ月以内）	土地	所在・地番・**地目**・地積 など
			建物	所在・**家屋番号**・床面積 など
権利部	甲区（所有権に関する事項を表示）	義務なし（相続等により所有権を取得した場合は3年以内に申請）	所有権の保存・移転・差押 など	
	乙区（所有権以外の権利に関する事項を表示）		抵当権・賃借権　など	

● **所有権保存**：所有権に関して最初に行う登記（新築の建物など）
● **所有権移転**：所有権が移転した際に行う登記（中古物件を買った場合など）
● **抵当権**　：住宅ローンの借り入れをして不動産を購入する場合などに、購入する不動産を金融機関が担保にする権利

●表題部記載の土地の所在や地番は、必ずしも住居表示とは一致しない
●**マンションの専有部分**の床面積は、登記記録上、壁などの区画の内側線で囲まれた水平投影面積（内法面積）で記録されているため、壁の中心線の内側の面積（壁芯面積）で表示される広告などの床面積よりも狭い

【不動産登記事項証明書（一部省略）】

表題部 （ 土地の表示 ）				調製 （余白）	不動産番号	1234567890123
地図番号	（余白）					
【所在】	○○県○○市○○町○○−○			（余白）		
【①地番】	【②地目】	【③】地積 ㎡		【原因及びその日付】		【登記の日付】
1111番5	宅地	100	00	1111番1から分筆		平成○○年○○月○日

権 利 部（甲区）（所有権に関する事項）

順位番号	登記の目的	受付年月日・受付番号	権利者その他の事項
1	所有権保存	平成9年5月8日 第×6224号	原因 平成9年5月8日売買 所有者 ××市○×二丁目3番4号 　　千代田一郎

権 利 部（乙区）（所有権以外の権利に関する事項）

順位番号	登記の目的	受付年月日・受付番号	権利者その他の事項
1	抵当権設定	平成9年5月8日 第×6225号	原因 平成9年5月8日金銭消費 　　貸借同日設定 債権額 金3,000万円 利息 年2.625%（12分の1月 　　利計算） 損害金 年14.5%（年365日日 　　割計算） 債務者 ××市○×二丁目3番4号 　　千代田一郎 抵当権者 △△区○△二丁目1番1号 　　株式会社RM銀行

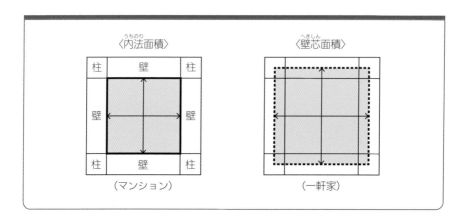

〈内法面積〉（マンション）　　〈壁芯面積〉（一軒家）

3 不動産登記の効力

　不動産の売買などにより所有権などが移転した場合、それを当事者以外の人（第三者）にどのように知らせればよいのでしょうか。その<u>公示の手段が</u>**不動産登記**です。

　ただし、<u>不動産登記には「対抗力」はありますが、「公信力」はありません</u>。

1 対抗力

　不動産登記をすると、例えば<u>第三者に対して自分が正当な権利者であること</u>を主張できます。この効力を**対抗力**といいます。

仮登記

　不動産の売買において、所有権の移転が発生したものの、登記申請に必要な書類が提出できないなど、手続上の要件が備わっていない場合、いったん仮登記をすることでその後に行う本登記の順位を確保することができます。ただし、仮登記だけでは所有権の移転を第三者に対抗（主張）することはできません。

② 公信力

　公信力とは、物権の変動（所有権の移転など）の外形がある場合に、それを信頼して取引を行った人に対して、信頼どおりの効果を認める力です。

　登記事項は必ずしも真実の内容とは限らない場合があるため、その内容を信じて取引した人が法的に保護されるわけではありません。要するに**公信力が認められていません**。

●**登記事項が真実と異なる事例**

　Ａさんから Ｂ さんが土地を購入して、Ｂ さんのものになったものの、所有権移転登記をせずに Ａ さんの名義のままになっていることがあります。このような場合は、登記事項が真実の内容と異なっています。

□□□**問1** 不動産の登記記録において、所有権に関する登記事項は、権利部の乙区に記録される。

□□□**問2** 不動産の登記事項証明書は、対象不動産の所有者以外の者であっても、所定の手数料を納付して交付を請求することができる。

□□□**問3** 不動産登記には公信力が認められていないため、登記記録上の権利者が真実の権利者と異なっている場合に、登記記録を信じて不動産を購入した者は、原則として、その不動産に対する権利の取得について法的に保護されない。

□□□**問4** 土地の登記記録において、抵当権に関する事項は、（　　）に記録される。
1）表題部　　2）権利部（甲区）　　3）権利部（乙区）

解答

問1 ✕ 所有権に関する登記事項は、権利部の甲区に記録されます。乙区は所有権以外の権利に関する登記事項が記録されます。

問2 〇 不動産の登記事項証明書は、対象不動産の所有者以外の者であっても、交付を請求することができます。

問3 〇 不動産登記には公信力が認められていないため、登記記録を信じて不動産を購入した者に対して、原則として、その不動産に対する権利の取得について法的に保護されません。

問4 3 土地の登記記録において、抵当権に関する事項は、権利部（乙区）に記録されます。

3 土地の価格と鑑定評価

1 土地の価格

　土地の価格には、売主と買主との合意により通常取引される**実勢価格**（時価）の他に、用途によって次のような４つの**公的価格**があります。

　公示価格は地価公示法に基づき、国土交通省の土地鑑定委員会が公表します。

	公示価格	基準地標準価格	相続税評価額 （路線価） 🔍参照 P336	固定資産税評価額
目的	一般の土地取引の指標	公示価格の補完	相続税、贈与税等の計算	固定資産税、都市計画税、不動産取得税等の計算
決定機関	国土交通省	都道府県	国税庁	市町村 （東京23区は東京都）
評価時点	毎年１月１日	毎年７月１日	毎年１月１日	基準年度の前年の１月１日
公表日	３月下旬	９月下旬	７月初旬	３月１日
対公示価格比（目安）	－	100%	80%程度 価格水準が公示価格より低いということは、納税負担が軽くなる	70%程度

ひとこと

　都道府県地価調査で公表される基準地標準価格は、公示価格から半年後の地価を評価するものであるので、地価の変動を速報し、公示価格を補完する役割を担っています。

2 不動産の鑑定評価

不動産の鑑定評価とは、土地もしくは建物などの権利の価値を判定し、その結果を価額に表示することをいいます。**不動産鑑定士**が鑑定評価を行うことによって評価します。評価方法には次の3つがあります。

原価法	対象不動産の購入価格（**再調達原価**）を求め、不動産が古くなることによる減価修正を行って価格を計算する方法	
取引事例比較法	対象不動産と条件が似ている取引事例と比較して不動産価格を算出する方法	
収益還元法	不動産が将来的に生み出すと期待される純収益の現在価値の総和をもとに不動産価格を算出する方法 ⌐不動産が持つ収益性に着目した価格の算出方法	
	直接還元法	対象不動産が生み出す**単年度**の純収益を一定の利回り（還元利回り）によって割り戻して価格を算出する方法
	DCF法	対象不動産が生み出すと期待される**複数年間**の純収益と将来の**売却価格**を現在価値に割り戻して価格を求める方法

用語

●現在価値

　仮に100万円を今もらえるのと、1年後にもらえるのでは価値が異なる。世の中の金利が1％であった場合、1年後の100万円は、現在の価値では約99万円（1,000,000円÷1.01）となる。そのため、今100万円をもらったほうが得になる。このように将来の価値から割り戻して導いた価値を現在価値という

●純収益

運営収益－運営費用のこと

たなけんポイント　鑑定評価は複数の方法を併用すべきとされています。特定の方法のみを適用するのではないので注意しましょう。

DCF法のイメージ

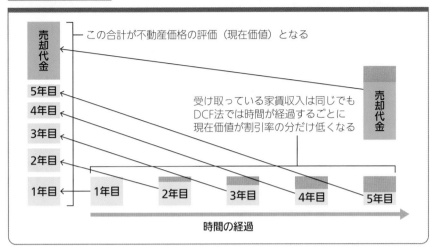

確認問題

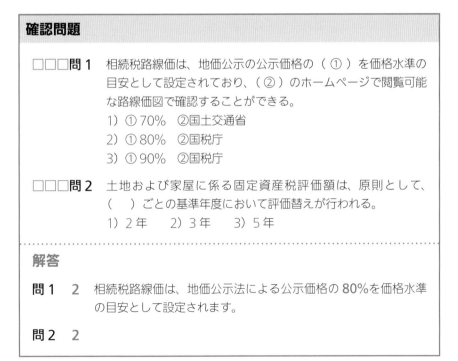

□□□**問1** 相続税路線価は、地価公示の公示価格の（ ① ）を価格水準の
目安として設定されており、（ ② ）のホームページで閲覧可能
な路線価図で確認することができる。
1）①70%　②国土交通省
2）①80%　②国税庁
3）①90%　②国税庁

□□□**問2** 土地および家屋に係る固定資産税評価額は、原則として、
（　　）ごとの基準年度において評価替えが行われる。
1）2年　　2）3年　　3）5年

解答

問1　2　相続税路線価は、地価公示法による公示価格の80%を価格水準
の目安として設定されます。

問2　2

4 不動産の取引

　不動産の取引は高額であるため、不動産取引のプロである宅地建物取引業者や宅地建物取引士が存在します。そして、宅地建物取引業法（宅建業法）において、さまざまな義務を設けています。

1 宅地建物取引業

　宅地建物取引業とは、不特定多数の人に対して宅地建物の売買・交換・代理・媒介などを反復継続的に行うことをいいます。

　宅地建物取引業を行う場合は、国土交通大臣または都道府県知事から免許を受ける必要があります。ただし、自己が所有する建物を他人に貸し出す場合は、宅地建物取引業者の免許は不要です。

　　　　　　　　　　　　　　アパート、マンション経営を
　　　　　　　　　　　　　　する大家さんなど

2 宅地建物取引士

　宅地建物取引士は、不動産取引の専門家で、次の独占業務があります。

宅地建物取引士の独占業務

- ●不動産取引の契約を締結する前に重要事項説明を行うこと

　　　　　　　　　　　説明の際に宅地建物取引士証を提示

- ●重要事項説明書への記名（書面の交付に代えて電磁的方法による提供も可能）
- ●契約締結後、契約内容記載書に記名（書面の交付に代えて電磁的記録による提供も可能）

3 媒介契約

　不動産に詳しくない人が自宅を売却したい場合、自ら買主を探すことは難しいでしょう。そのため、宅地建物取引業者に媒介を依頼するのが通常です。

　媒介契約には次の3種類があります。

	契約類型	一般媒介契約	専任媒介契約	専属専任媒介契約
依頼主側	複数の業者への依頼	できる	できない「専任」なので、複数の業者へは依頼できない	
	自己発見取引 依頼者が自ら取引の相手を探すこと	可能		不可
業者側	業務処理状況の報告義務	報告義務はない	2週間に1回以上	1週間に1回以上
	指定流通機構への登録義務	なし	契約の翌日から7営業日以内	契約の翌日から5営業日以内
	有効期間	自由	3ヵ月（3ヵ月を超えて定めても3ヵ月に短縮）	

4 報酬限度額（成功報酬）

　宅地建物取引業者が不動産の売買・交換・賃貸の媒介や代理を行った場合は、取引の内容に応じた報酬限度額が定められています。

1 売買・交換の媒介を行った場合

〈売買代金400万円超・依頼の一方から受け取れる限度額〉
売買代金×3％＋6万円（消費税別）

② 貸借の媒介

賃料の 1ヵ月分 （消費税別）

5　売買契約に関する留意事項　

① 手付金

　契約が成立したことを確認するために、買主が売主に代金の一部を支払う金銭を**手付金**といいます。

●売主が宅地建物取引業者で、買主が宅地建物取引業者以外である場合、手付金は解約手付として扱われる
　上記の場合、相手方が契約の履行に着手するまでは、**買主**は交付した
　　　　　　　　　└ 売主は「物件の引渡し」
　　　　　　　　　　買主は「中間金などの代金の支払い」を行うこと
　手付金を放棄することで、**売主**は手付金の倍額を現実に提供すること
　　　　　　　　　　　　買主から受領した手付金を返す┘
　で、契約の解除ができる　＋売主自身が同額を支払う（合計して2倍）
●宅地建物取引業者は、自らが売主で、買主が宅地建物取引業者以外である場合、代金の 2 割を超える手付金を受領することができない

●**解約手付**
　手付金を放棄することで任意に契約を解除できる手付のこと

❷ 契約不適合責任

例えば建物を購入してから雨漏りなどの欠陥が判明した場合、建物に不備があったことについて、売主が責任を負わなければなりません。このような責任を**契約不適合責任**といいます。

ただし、この契約不適合が種類または品質に関するものであるときは、買主は不適合を知った時から1年以内に売主にその旨を通知しなければ、契約不適合責任を追及することができません。

住宅の品質確保の促進等に関する法律（品確法）

品確法とは、新築住宅の構造耐力上主要な部分の瑕疵（欠陥）について、原則として物件の引渡日から10年間責任を負うことを定めた法律です。

❸ 危険負担

売買契約後から建物の引渡しまでに、売主・買主双方の責めに帰することができない（責任がない）事由（自然災害など）で債務（物件の引渡しなど）が履行できなくなったときは、買主は債務の履行（代金の支払い）を拒否することができます。

確認問題

□□□**問1** アパートやマンションの所有者が、当該建物を賃貸して家賃収入を得るためには、宅地建物取引業の免許を取得しなければならない。

□□□**問2** 宅地建物取引士が宅地建物取引業法第35条に規定する重要事項の説明をするときは、説明の相手方に対し、宅地建物取引士証を提示しなければならない。

□□□**問3** 不動産の売買契約において、買主が売主に解約手付を交付した場合、売主は、買主が契約の履行に着手するまでは、受領した解約手付を買主に返還することで、契約の解除をすることができる。

□□□**問4** 宅地建物取引業法において、宅地建物取引業者が依頼者と締結する宅地または建物の売買の媒介契約のうち、専任媒介契約の有効期間は、最長（　　）である。
1）1ヵ月　　2）3ヵ月　　3）6ヵ月

- -

解答

問1 ✕ アパートやマンションの**所有者自らが行う賃貸**は、宅地建物取引業の規制の対象業務ではありません。したがって、宅地建物取引業の免許を取得する必要はありません。

問2 ◯ 宅地建物取引業法第35条に規定する重要事項の説明は、契約を締結する前に宅地建物取引士が宅建士証を提示して行います。

問3 ✕ 不動産の売買契約において、買主が契約の履行に着手するまでは、売主は受領した**解約手付の倍額**を買主に現実に提供することで契約を解除することができます。

問4 2 宅地建物取引業者が依頼者と締結する宅地または建物の売買の媒介契約のうち、専任媒介契約の有効期間は、最長**3ヵ月**です。

5 借地借家法

借地借家法は、建物を所有する目的で土地を借りる場合、もしくは建物を借りる場合に適用される法律で、借主を保護することを目的としています。

1 借地権

借地権とは、建物の所有を目的とした土地の賃借権などのことをいいます。

🔍 参照 P337

土地の賃借権を**登記していなくても**、借地上の**建物の登記**を借地権者の名義でしていれば、借主は第三者に対して借地権を主張（対抗）することができます。

借地権は、**普通借地権**と**定期借地権**に分類されます。

普通借地権は契約期間終了後の更新があるのに対し、定期借地権は更新がありません。

区分	普通借地権	定 期 借 地 権		
		一般定期借地権	事業用定期借地権等	建物譲渡特約付借地権
建物利用目的	制限なし	制限なし	専ら事業の用に供する建物に限る（居住用建物は不可）	制限なし
存続期間	30 年以上	50 年以上	10 年以上 50 年未満	30 年以上
契約方法	制限なし	公正証書に限らない 公正証書等の書面または電磁的記録	公正証書に限る	制限なし
借地権契約の更新	最初の更新は20 年以上、その後は 10 年以上	なし	なし	なし 土地所有者が建物を買い取る

2 借家権

借家権とは、他人の建物を借りる権利のことをいいます。借家契約には、契約の**更新がある**普通借家契約と**更新がない**定期借家契約があります。

	普通借家契約 （普通建物賃貸借契約）	定期借家契約 （定期建物賃貸借契約）
更新	あり	なし
契約 方法	口頭も書面も有効	書面（または電磁的記録）による契約のみ有効 （公正証書でなくてもよい） 更新がないことについて、賃貸人は事前に書面を交付し（または電磁的方法により）賃借人に説明しなければならない（この説明がない場合は、普通借家契約とみなされる）
存続期間	1年以上。1年未満の場合は期間の定めがないものとされる	制限なし。1年未満でも可能
更新・終了	期間の定めがない契約の場合、当事者はいつでも解約の申し入れが可能 賃借人からの場合：申し入れから3ヵ月後に終了 賃貸人からの場合：正当な理由がある場合に限り、申し入れから6ヵ月後に終了	1年以上の契約の場合、貸主は契約終了の1年前から6ヵ月前までに賃貸借契約の終了を借主に通知しなければ、その終了を借主に対抗できない（通知期間経過後に借主に通知をしたときは、その通知のときから6ヵ月経過後に契約を終了する）

応用
造作買取請求権 (ぞうさくかいとり)

借家人が貸主に承諾を得て建物に付加した造作（エアコン等）は、賃貸借契約終了時に貸主に時価による買取りを請求できます。これを造作買取請求権といいます。

たなけん ポイント　造作買取請求権は、賃貸人と賃借人の同意により、あらかじめ排除する特約を定めることができます。

確認問題

□□□**問1** 借地借家法において、事業用定期借地権等の設定を目的とする
契約は、公正証書によってしなければならない。

□□□**問2** 借地借家法における定期借地権のうち、（　　）は、居住の用に
供する建物の所有を目的として設定することができない。
1）一般定期借地権
2）事業用定期借地権等
3）建物譲渡特約付借地権

□□□**問3** 借地借家法において、定期建物賃貸借契約（定期借家契約）で
は、契約当事者の合意があっても、存続期間を1年未満とする
ことはできない。

□□□**問4** 借地借家法によれば、定期建物賃貸借契約（定期借家契約）の
賃貸借期間が1年以上である場合、賃貸人は、原則として、期
間満了の1年前から（　　）前までの間に、賃借人に対して期
間満了により契約が終了する旨の通知をしなければ、その終了
を賃借人に対抗することができない。
1）1ヵ月　　2）3ヵ月　　3）6ヵ月

解答

問1 ○ 事業用定期借地権等の設定を目的とする契約は、公正証書によら
なければなりません。

問2 2 事業用定期借地権等は、居住の用に供する建物の所有を目的とし
て設定することができません。

問3 × 定期建物賃貸借契約（定期借家契約）の場合は存続期間の制限がな
いため、契約当事者の合意があれば**1年未満**とすることができます。

問4 3 借地借家法において、定期建物賃貸借契約（定期借家契約）の貸
主は、期間満了の1年前から**6ヵ月**前までの間に、借主に対して
期間満了により契約が終了する旨の通知をしなければ、その終了
を借主に対抗できません。

6 ▶ 都市計画法

都市計画法とは、都市の将来のあるべき姿を想定し、必要な規制・整備等を行って健全に都市を発展させることなどを目的とする法律です。

1 都市計画区域等

都市計画法では、計画的な街づくりを行うための都市計画区域や、その周辺で多くの建築が見込まれる準都市計画区域を定めています。

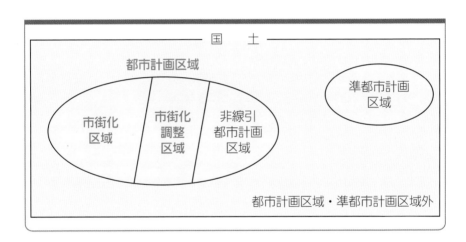

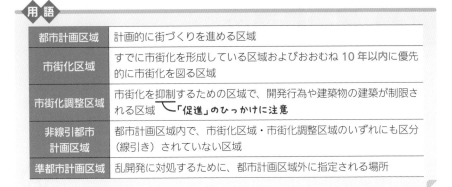

用語	
都市計画区域	計画的に街づくりを進める区域
市街化区域	すでに市街化を形成している区域およびおおむね 10 年以内に優先的に市街化を図る区域
市街化調整区域	市街化を抑制するための区域で、開発行為や建築物の建築が制限される区域 ← 「促進」のひっかけに注意
非線引都市計画区域	都市計画区域内で、市街化区域・市街化調整区域のいずれにも区分（線引き）されていない区域
準都市計画区域	乱開発に対処するために、都市計画区域外に指定される場所

2 用途地域

　市街化区域などでは、計画的な市街地を形成するために、建物の用途や種類を制限した区域（**用途地域**）が定められています。

　市街化区域には用途地域が定められていますが、**市街化調整区域**では原則として用途地域が定められていません。

3 開発許可制度

　建築物の建築等をするために一定の規模以上の土地の区画形質を変更（開発行為）する場合には、事前に都道府県知事等の許可を得る必要があります。これを開発許可制度といいます。

区域	都道府県知事等の許可が必要な場合
市街化区域	1,000㎡以上（３大都市圏の既成市街地などは 500㎡以上）の開発行為
市街化調整区域	原則として開発規模にかかわらず許可が必要

※他に開発許可が不要な事由がない場合を前提

建築基準法

建築基準法は、建物を建築するうえでの必要な事項（建物の構造、敷地、用途など）を定めた法律です。

1 用途制限

都市計画法では、用途地域を住居系・商業系・工業系に区分しています。

用途地域は、土地を**住居系**（8つ）、**商業系**（2つ）、**工業系**（3つ）の合計13種類に分けて構成されています。

建築基準法では、この用途地域に応じて建築できる建物の種類を定めています。

主な用途地域と制限

用途 ＼ 用途地域	住居系								商業系		工業系		
	第一種低層住居専用地域	第二種低層住居専用地域	田園住居地域	第一種中高層住居専用地域	第二種中高層住居専用地域	第一種住居地域	第二種住居地域	準住居地域	近隣商業地域	商業地域	準工業地域	工業地域	工業専用地域
診療所・保育所・公衆浴場	○	○	○	○	○	○	○	○	○	○	○	○	○
神社・寺院・教会・派出所	○	○	○	○	○	○	○	○	○	○	○	○	○
住宅・共同住宅・老人ホーム・図書館	○	○	○	○	○	○	○	○	○	○	○	○	×
幼稚園・小、中学校・高校	○	○	○	○	○	○	○	○	○	○	○	×	×
大学・病院	×	×	×	○	○	○	○	○	○	○	○	×	×
ホテル	×	×	×	×	×	△	○	○	○	○	○	×	×

１つの敷地が２つ以上の用途地域にまたがる場合

　１つの敷地が２つ以上の用途地域にまたがる場合、その敷地の全体に過半の属する用途地域の用途制限が適用されます。

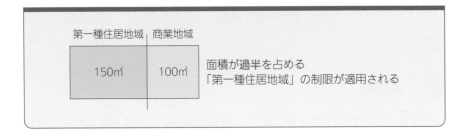

第一種住居地域｜商業地域

150㎡　　　100㎡

面積が過半を占める
「第一種住居地域」の制限が適用される

2 道路に関する制限

1 道路

　建築基準法では、原則として幅員^{ふくいん}（道幅）4m 以上のものを**道路**と規定しています。

2 接道義務

　建物の敷地は、原則として幅員 4m 以上の道路に 2m 以上接していなければなりません。これを**接道義務**といいます。

┗ 火災や急病人発生の際に緊急車両などが
　　通行できるようにするため

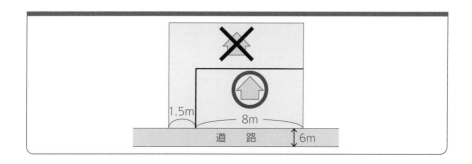

③ 2項道路

　建築基準法が施行される前に建てられた建物のなかには、接している道の幅が4m未満であるケースがあります。しかし、法律が後から施行されたにもかかわらず、法律違反とされるのは、利用していた人には酷です。そこで、このような道のうち特定行政庁が指定したものを、建築基準法上の道路とみなすことにしました。

　この規定が建築基準法42条2項におかれていることから、2項道路といいます。2項道路に接している土地上の建物を建て替える際には、原則として道路中心線から2mずつ後退することになっており、この後退をセットバック部分といいます。

　セットバック部分（下図アミの部分）には建物の建築、塀の築造は認められず、かつ後述の建蔽率、容積率の計算上、敷地面積に算入されません。

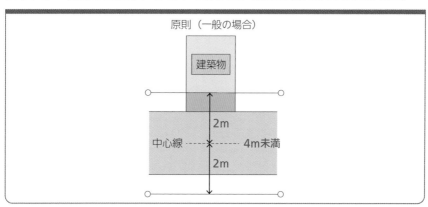

3 建物の建築に関する制限

土地に建物を建てるうえでは、建てられる面積などに制限があります。

1 防火規制

火災が発生した場合に、延焼を防止するため、建物の密集している一定の地域を防火地域または準防火地域に指定し、この地域に建てられる建築物を一定の耐火構造（耐火建築物等）とすることを義務づけています。

建築物が防火地域および準防火地域にわたる場合は、その全部について防火地域（厳しいほう）の建築物に関する規定が適用されます。

2 建蔽率

建蔽率とは、建築物が敷地に対してどの程度まで建築できるかを示す割合で、市区町村で調べられます。

建蔽率がわかることにより、建築可能な最大面積を求めることができます。

$$建蔽率(\%) = \frac{建築面積}{敷地面積} \times 100$$

最大建築面積＝敷地面積×建蔽率

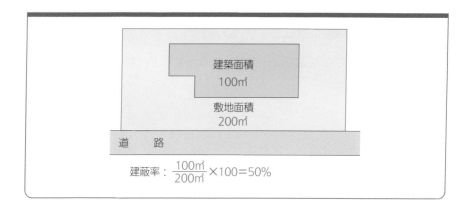

建蔽率：$\dfrac{100㎡}{200㎡} \times 100 = 50\%$

例題

敷地面積が 200㎡の土地の建蔽率が 70%の場合の最大建築面積はいくらか。

- 200㎡×70%＝140㎡

(1) 建蔽率の制限の緩和

建蔽率は、用途地域ごとに上限が定められていますが、次の場合は<u>上限が緩和</u>されます。

建築できる面積が増える🙆　「容積率」には緩和はないので注意！

①特定行政庁が指定する角地等	＋10%
②防火地域内にある耐火建築物等	＋10%
③準防火地域内にある耐火建築物または準耐火建築物等	＋10%
①＋②　または①＋③	＋20%
建蔽率が80%の地域内で防火地域内にある耐火建築物等	制限なし（100%）

(2) 敷地が建蔽率の異なる用途地域にわたる場合

敷地が建蔽率の異なる用途地域にわたる場合、用途地域ごとの建蔽率を加重平均して計算します。

③ 容積率

容積率とは、敷地面積に対する延べ面積の割合であり、市区町村で調べられます。

$$容積率（\%）＝\frac{延べ（床）面積}{敷地面積}×100$$

$$最大延べ（床）面積＝敷地面積×容積率$$

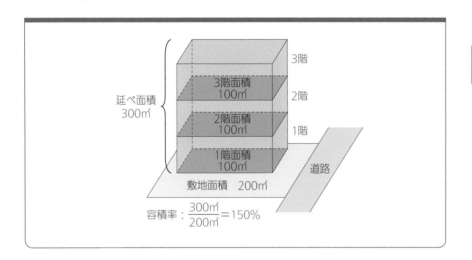

延べ面積
300㎡

3階

3階面積
100㎡

2階

2階面積
100㎡

1階

1階面積
100㎡

道路

敷地面積　200㎡

容積率：$\dfrac{300㎡}{200㎡}＝150\%$

どうして？

建物を建てるにあたって、高さなどに制限なく自由に建てられてしまうと、平屋の家などは日当たりや通風に支障がでます。そのような住環境の保護をするため、**容積率**によって建物の延べ面積に制限を設けています。

（1）前面道路幅員による容積率の制限

敷地が接する前面道路（2つ以上の道路に接する場合は最も幅の広いもの）の幅員が <u>12m 未満</u>の場合は、次の①、②のうちいずれか <u>小さいほう</u>が限度となります。
└─ 12m以上は都市計画で定められた容積率

①都市計画で定められた容積率

②前面道路の幅員×法定乗数※

※住居系の用途地域 …… $\dfrac{4}{10}$

※その他の地域 …… $\dfrac{6}{10}$

例題

下記の敷地に建物を建てる場合の最大延べ（床）面積はいくらか。

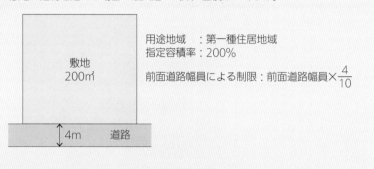

用途地域　：第一種住居地域
指定容積率：200%

前面道路幅員による制限：前面道路幅員×$\dfrac{4}{10}$

敷地
200㎡

4m　　道路

前面道路の幅員 4m に住居系用途地域の$\dfrac{4}{10}$を乗じます。

4m×$\dfrac{4}{10}$×100＝160%

前面道路幅員による容積率 160%＜指定容積率 200%　→ 160%（小さいほうを適用）

最大延べ（床）面積は 200㎡×160%＝<u>320㎡</u>

なお、容積率は建蔽率のような、場所による緩和はありません。

（2）敷地が容積率の異なる用途地域にわたる場合

建物の敷地が容積率の異なる用途地域にわたっている場合、用途地域ごとの容積率を加重平均して計算します。

└ 建蔽率と同じ

制限の異なる地域にわたる適用範囲のまとめ

建蔽率・容積率の異なる地域にわたる場合	加重平均による数値を適用
用途制限の異なる地域にわたる場合	敷地の過半の属する地域の用途制限を敷地全体に適用
防火規制の異なる地域にまたがって建てる場合	原則として厳しいほうの防火規制を適用

④ 高さ制限

【絶対高さの制限】

　日照や通風の確保のため、第一種・第二種低層住居専用地域および田園住居地域内では、原則として建物の高さは 10m または 12m のうち、都市計画で定めた高さを超えることはできません。

> **応用**
>
> ### 日影規制
>
> 　日影規制とは、「日影による中高層の建築物の制限」の略で、冬至の日を基準にして、一定時間以上の日影が生じないよう、建物の高さを制限するものです。
> 　日影規制は、商業地域・工業地域・工業専用地域内では適用されません。
>
> ### 北側斜線制限
>
> 　北側斜線制限とは、北側の隣人の日当たりを考慮し、南からの日照の確保のために建築物の高さを規制したルールのことをいいます。
> 　適用される地域は次のとおりです。
> - 第一種低層住居専用地域
> - 第二種低層住居専用地域
> - 田園住居地域
> - 第一種中高層住居専用地域（日影規制の適用を受けるものを除く）
> - 第二種中高層住居専用地域（日影規制の適用を受けるものを除く）

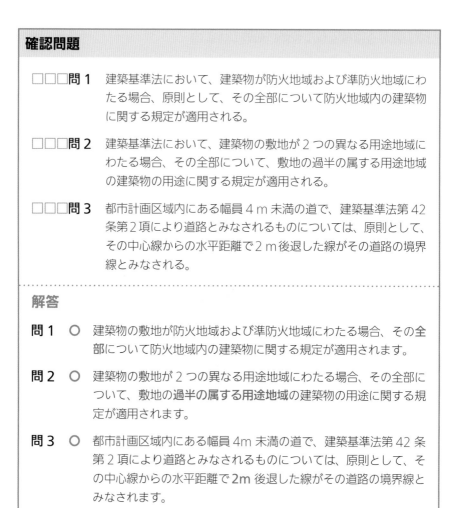

確認問題

□□□問 1 　建築基準法において、建築物が防火地域および準防火地域にわたる場合、原則として、その全部について防火地域内の建築物に関する規定が適用される。

□□□問 2 　建築基準法において、建築物の敷地が 2 つの異なる用途地域にわたる場合、その全部について、敷地の過半の属する用途地域の建築物の用途に関する規定が適用される。

□□□問 3 　都市計画区域内にある幅員 4 m 未満の道で、建築基準法第 42 条第 2 項により道路とみなされるものについては、原則として、その中心線からの水平距離で 2 m 後退した線がその道路の境界線とみなされる。

解答

問 1 　○　建築物の敷地が防火地域および準防火地域にわたる場合、その全部について防火地域内の建築物に関する規定が適用されます。

問 2 　○　建築物の敷地が 2 つの異なる用途地域にわたる場合、その全部について、敷地の**過半の属する用途地域**の建築物の用途に関する規定が適用されます。

問 3 　○　都市計画区域内にある幅員 4m 未満の道で、建築基準法第 42 条第 2 項により道路とみなされるものについては、原則として、その中心線からの水平距離で **2m** 後退した線がその道路の境界線とみなされます。

実技試験に チャレンジ！

建蔽率・容積率の計算　　　　　　　　金財　個人資産相談業務（改題）

〈資　料〉

会社員のAさん（55歳）は甲土地および建物の購入を検討している。
甲土地および建物の概要は、以下のとおりである。

〈甲土地および建物の概要〉

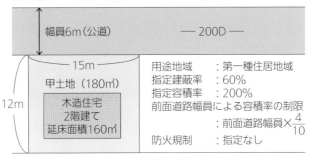

幅員6m（公道）　　　── 200D ──

── 15m ──

12m

甲土地（180㎡）

木造住宅
2階建て
延床面積160㎡

用途地域　　　：第一種住居地域
指定建蔽率　　：60%
指定容積率　　：200%
前面道路幅員による容積率の制限
　　　　　　　　：前面道路幅員×$\frac{4}{10}$
防火規制　　　：指定なし

問　甲土地の①建蔽率の上限となる建築面積と②容積率の上限となる延べ面
積の組合せとして、次のうち最も適切なものはどれか。

1）　① 108㎡　　② 216㎡

2）　① 108㎡　　② 360㎡

3）　① 144㎡　　② 432㎡

答 2

①…建蔽率の上限となる建築面積：180㎡ × 60% = 108㎡

②…前面道路の幅員が12m未満の場合、❶指定容積率（200%）と❷前面道路の幅員×法定乗数のうち、いずれか**小さい**ほうが容積率の上限となります。

　❶　指定容積率：200%

　❷　前面道路の幅員×法定乗数：6m × $\dfrac{4}{10}$ = 240%

　❸　❶＜❷より、❶200%

　❹　容積率の上限となる延べ面積：180㎡ × 200% = 360㎡

8 農地法

1 農地法 Ⓑ

　農地は食料自給率に関わるとても重要な土地です。そのため、**農地法**では安定した食料供給などを目的として、農地の転用や権利移動などに一定の規制を設けています。

農地法	取引	許可権者（原則）
3条	農地を農地のまま売却などを行う（権利移動）	農業委員会※
4条	農地を農地以外の土地に変更する（転用）	都道府県知事等 〈例外〉 **市街化区域内**にある一定の農地は、**あらかじめ農業委員会に届け**出れば都道府県知事等の許可は**不要**
5条	農地を農地以外の土地に変更するための売却などを行う（転用目的の権利移動）	

※農業や農業者の利益を代表する機関として、市町村ごとに設置されている行政委員会のこと

9 区分所有法

区分所有法（建物の区分所有等に関する法律）とは、分譲マンションなどの集合住宅における共通の管理や使用について定めた法律です。

1 専有部分と共用部分

分譲マンションなどの区分所有建物は、**専有部分**と**共用部分**に分けられます。

1 専有部分（建物）

専有部分とは、構造上区分され独立性を備えた部分をいいます。

例）住居、店舗、事務所など

各専有部分の上に成立する所有権を**区分所有権**といい、その所有者を**区分所有者**といいます。

2 共用部分（建物）

共用部分とは、専有部分以外の部分であり、共同で利用する部分をいいます。例）廊下、エレベーター、階段など

共用部分には**法定共用部分**と**規約共用部分**があります。

法定共用部分	廊下、階段、エレベーターなど
規約共用部分	管理人室、集会室など 規約により共用部分とした部分で、登記をしなければ第三者に対抗できない

各区分所有者の共有持分は、**所有する専有部分の床面積の割合**によります。

また、共用部分の持分は、その有する専有部分の処分に従うので、原則として専有部分と共用部分を分離して売却することが**できません**。

③ 敷地利用権（敷地）

　敷地利用権とは、区分所有建物の敷地を利用する権利をいいます。

　原則として、専有部分と敷地利用権を分離して処分（売却）することはできません。

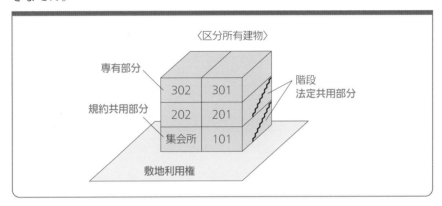

2　集会による決議　

　区分所有者は、所有者の意思にかかわらず、マンション管理組合の構成員になります。

　マンションの規約などの事項の決定は、マンション管理組合における集会によって決定します。決議要件は次のとおりです。

決議内容	決議要件
一般的事項	区分所有者および議決権※の各過半数の賛成
規約の設定・変更・廃止 管理組合の法人化	区分所有者および議決権※の各４分の３以上の賛成
建替え	区分所有者および議決権※の各 5 分の 4 以上の賛成

重要な事項なので大多数の賛成が必要

※議決権は、区分所有法による各区分所有者の専有部分の割合によります。

確認問題

□□□**問1** 建物の区分所有等に関する法律（区分所有法）において、規約の変更は、区分所有者および議決権の各4分の3以上の多数による集会の決議によらなければならない。

□□□**問2** 建物の区分所有等に関する法律（区分所有法）によれば、集会においては、区分所有者および議決権の各（　　）以上の多数により、区分所有建物を取り壊し、その敷地上に新たに建物を建築する旨の決議（建替え決議）をすることができる。
1）3分の2
2）4分の3
3）5分の4

解答

問1　○　規約の設定、変更、廃止は、区分所有者および議決権の各4分の3以上の多数による集会の決議が必要です。

問2　3　区分所有者および議決権の各5分の4以上の多数により、区分所有建物を取り壊し、その敷地上に新たに建物を建築する旨の決議（建替え決議）をすることができます。

10 不動産の取得と税金

　土地や建物等の不動産は、取得・保有・譲渡などに伴い、さまざまな税金がかかります。

不動産に関係する主な税金

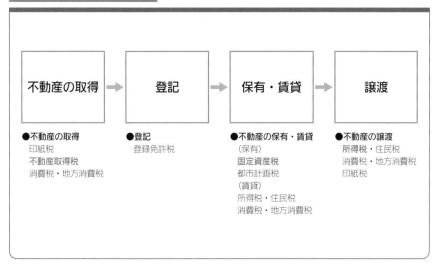

```
不動産の取得  →  登記  →  保有・賃貸  →  譲渡
```

●不動産の取得
印紙税
不動産取得税
消費税・地方消費税

●登記
登録免許税

●不動産の保有・賃貸
（保有）
固定資産税
都市計画税
（賃貸）
所得税・住民税
消費税・地方消費税

●不動産の譲渡
所得税・住民税
消費税・地方消費税
印紙税

1 不動産取得税　

　不動産取得税は、土地・建物等を取得した人に対して、**都道府県**が課す税金です。不動産を取得した経緯によって、不動産取得税がかかる場合とかからない場合があります。

不動産取得税がかかるもの	売買・交換・贈与　など
不動産取得税がかからないもの	相続　など 売買や贈与と異なり、形式的な権利の移転であるため課税されない

【計算式】

> 不動産取得税＝課税標準（固定資産税評価額）×4%（土地や住宅は3%）

┗ 購入金額ではない

【課税標準の特例】

　一定の不動産については課税標準の特例があり、課税負担が軽くなります。

不動産の種類	課税標準の特例
宅地	課税標準の $\frac{1}{2}$
一定の新築住宅（一戸建ては床面積50㎡以上240㎡以下）	課税標準－1,200万円 （認定長期優良住宅は1,300万円）
一定の中古住宅（床面積50㎡以上240㎡以下）	課税標準－最高1,200万円 （新築時期により異なる）

2 登録免許税

　登録免許税は、不動産を登記する場合などに国が課す税金です。

　相続や贈与により取得した場合も課税されます。

┗ 不動産取得税は課されない

納税義務者	不動産登記をする者
	例）所有権移転登記をする場合、売主と買主が連帯して納税義務を負う　　　┗ 一般的には買主が負担する
課税標準	原則として固定資産税評価額（抵当権設定登記は債権金額） 　　　　　　　　　　　　　　　　　┗ 住宅ローンの金額など

【計算式】

> 登録免許税＝課税標準（固定資産税評価額）×税率

3 消費税

不動産取引では、消費税が課される取引と課されない取引があります。

	譲渡	貸付
土地	非課税	非課税 （1ヵ月未満の短期を除く）
建物	課税	課税 $\left(\begin{array}{l}住宅の貸付^{※}は非課税\\※1ヵ月未満の短期を除く\end{array}\right)$

例題

次の物件を譲渡する場合の消費税を含んだ価格はいくらか。
- 土地：3,000万円
- 建物：2,000万円

土地3,000万円＋建物2,200万円（建物価格2,000万円＋消費税200万円）＝<u>5,200万円</u>

確認問題

□□□**問 1** 不動産取得税の課税標準は、原則として固定資産税評価額である。

□□□**問 2** 不動産取得税は、贈与により不動産を取得したときには課されない。

□□□**問 3** 相続による不動産の取得に起因して所有権移転登記を行う場合は、登録免許税は課されない。

□□□**問 4** 居住用の家屋の貸付は、貸付期間が 1 ヵ月に満たない場合などを除き、消費税が課されない。

- -

解答

問 1 ○ 不動産取得税の課税標準は、原則として固定資産税評価額です。

問 2 × **贈与**により不動産を取得した場合、不動産取得税は課されます。なお、**相続**により不動産を取得した場合は課されません。

問 3 × 登録免許税は不動産取得税とは異なり、**相続**により取得して所有権移転登記を行った場合でも課されます。

問 4 ○ 住宅の譲渡は課税されますが、**住宅の貸付**には原則として消費税が課されません。

11 不動産の保有と税金

1 固定資産税と都市計画税

　土地や建物は、取得時だけでなく**保有中**にも税金が課されます。代表的なものとして**固定資産税**と**都市計画税**があります。

	固定資産税	都市計画税
課税対象	固定資産課税台帳に登録されている土地・建物等	固定資産課税台帳に登録されている**市街化区域内**にある土地・建物等　 固定資産税より 課税対象範囲が狭い
課税主体	市町村	
納税義務者	毎年1月1日現在、固定資産課税台帳に所有者として登録されている人	
課税標準	固定資産税評価額	
税率	1.4%（標準税率） 市町村によって異なっても可	0.3%（制限税率） 上限となる税率
住宅用地に対する課税標準の特例	小規模住宅用地 （200㎡以下の部分） 課税標準×$\frac{1}{6}$	小規模住宅用地 （200㎡以下の部分） 課税標準×$\frac{1}{3}$
	一般住宅用地（200㎡超の部分） 課税標準×$\frac{1}{3}$	一般住宅用地（200㎡超の部分） 課税標準×$\frac{2}{3}$

　賃貸アパートの敷地でも適用できる

1 譲渡所得

　土地や建物等の売却益は所得税・住民税における譲渡所得となり、他の所得と分離して課税（分離課税）されます。

1 計算式 🔍参照 P204

> 譲渡所得＝収入金額－（取得費＋譲渡費用）

2 短期譲渡所得と長期譲渡所得

譲渡所得	所有期間	税率
短期譲渡所得	譲渡した年の1月1日において5年以下	課税短期譲渡所得金額×39.63% 不動産を短期で転売するのを防ぐために税率が高い （所得税・復興特別所得税 30.63%、住民税9%）
長期譲渡所得	譲渡した年の1月1日において5年超	課税長期譲渡所得金額×20.315% （所得税・復興特別所得税 15.315%、住民税5%）

③ 取得費と譲渡費用

取得費	譲渡した資産の購入代金（購入手数料や設備費等を含む） ※建物などは購入代金から保有期間中の減価償却費相当額を控除した額 ※取得費が<u>不明な場合</u>や、取得費が<u>収入金額の 5%に満たない場合</u>は、収入金額の 5%を取得費（<u>概算取得費</u>）とすることができる ※相続または遺贈により取得した土地、建物などの財産を、相続の開始があったことを知った日の翌日から相続税の申告期限の翌日以後 3 年以内に譲渡した場合に、相続税額のうち一定金額を譲渡資産の取得費に加算することができる
譲渡費用	資産を譲渡するために直接かかった費用
	例）仲介手数料、建物の取壊し費用、印紙税など

> ### 例 題
>
> 　Aさんは 2019 年 5 月 1 日に 2,000 万円で取得した建物を、2024 年 8 月 8 日に 2,500 万円で売却した。この場合の税額（所得税・復興特別所得税・住民税）はいくらか。なお、譲渡費用は 100 万円とし、他の所得等は考慮しない。（千円未満切捨て）

　2019 年 5 月 1 日の取得の場合、譲渡した年（2024 年）の 1 月 1 日時点では所有期間が 5 年超ではないので、本問は短期譲渡所得に該当します。

{2,500 万円－(2,000 万円＋100 万円)}×39.63%≒<u>1,585,000 円</u>

---

2 居住用財産を譲渡した場合の 3,000万円の特別控除

　自宅等の居住用財産を譲渡した場合、一定の要件を満たすことにより譲渡所得から最高 3,000 万円を控除することができます。

① 主な適用要件

- ●所有期間や居住期間の長短に関係なく適用を受けられる
- ●以前に住んでいた家屋・敷地等の場合は、居住しなくなった日から 3

年目の 12 月 31 日までに譲渡すること
- 原則として、前年・前々年に本特例を利用していないこと
- 特別関係者（配偶者・父母・子・生計を一にする親族等）への譲渡で
はないこと

② 計算式

課税譲渡所得＝収入金額－（取得費＋譲渡費用）－3,000 万円（特別控除）

3 居住用財産を譲渡した場合の 長期譲渡所得の課税の特例

　自宅等の居住用財産を譲渡した場合、一定の要件を満たすと税率が軽減されます。この特例は、**居住用財産を譲渡した場合の3,000万円の特別控除**と併用して適用を受けることができます。

└─ 試験では3,000万円特別控除とセットで出題される

- 譲渡した年の 1 月 1 日において所有期間が 10 年を超えていること
- 特別関係者（配偶者・父母・子・生計を一にする親族等）への譲渡で
はないこと　など

課税長期譲渡所得金額	税率
6,000 万円以下の部分	14.21% （所得税・復興特別所得税 10.21%、住民税 4%）
6,000 万円超の部分	20.315% （所得税・復興特別所得税 15.315%、住民税 5%）

例題

　所有期間 14 年の居住用財産を 10,000 万円で譲渡した場合の納税額（所得税・復興特別所得税・住民税の合計）はいくらか。取得費は不明、譲渡費用は 500 万円とする。

課税譲渡所得　10,000 万円−（500 万円※＋500 万円）−3,000 万円＝6,000 万円
※取得費が不明な場合は、概算取得費 500 万円（10,000 万円×5%）🔍 参照 P281
納税額　6,000 万円×14.21%＝<u>852 万 6,000 円</u>

4 被相続人の居住用財産（空き家）に係る譲渡所得の3,000万円特別控除

　近年増加している空き家の問題に対処すべく、相続等で取得した一定の居住用財産（空き家）とその敷地を譲渡した場合、譲渡所得から最高 3,000 万円を特別控除することができます。

1 適用要件

●1981 年 5 月 31 日以前に建築された家屋（区分所有建物を除く）であること
●相続開始日から 3 年を経過する年の 12 月 31 日までに譲渡すること
●譲渡価額が 1 億円以下であること　など

2 計算式

課税譲渡所得＝収入金額−（取得費＋譲渡費用）−3,000 万円※（特別控除）
※相続または遺贈により取得した相続人の数が 3 人以上の場合は 2,000 万円

たなけん
ポイント

●1981 年 5 月 31 日以前と 1981 年 6 月 1 日以後

1981 年 5 月 31 日以前に建築確認を受けた建物は「旧耐震基準（耐震基準が緩い）」となります。

1981 年 6 月 1 日以後に建築確認を受けた建物は「新耐震基準（耐震基準が厳しい）」となります。そのため、1981 年 6 月 1 日以降の建物のほうが、耐震がしっかりしていると考えられます。

5 特定の居住用財産の買換えの場合の長期譲渡所得の課税の特例

一定の要件を満たす居住用財産（自宅）を譲渡し、新たに買い換えて譲渡益が出た場合、譲渡益に対する税金を繰り延べることができます。

譲渡資産	● 所有期間が譲渡の年の 1 月 1 日において 10 年超であること ● 居住期間が 10 年以上であること ● 譲渡対価が 1 億円以下であること
買換資産	● 土地面積が 500㎡以下、建物の床面積が 50㎡以上であること
その他	● 居住用財産を譲渡した場合の 3,000 万円特別控除、居住用財産の譲渡による軽減税率の特例とは併用できない ● 買換資産は譲渡資産の取得費は引き継ぎ、取得日は引き継がない

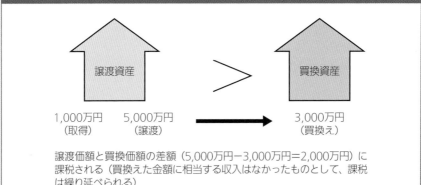

譲渡価額と買換価額の差額（5,000万円－3,000万円＝2,000万円）に課税される（買換えた金額に相当する収入はなかったものとして、課税は繰り延べられる）

なお、買換価額が譲渡価額以上の場合は、収入全体がなかったものとされ、課税は繰り延べられる

●課税の繰延べとは

　課税の繰延べとは、本来なら居住用財産を譲渡した時点で課されるべき税金が、譲渡時点ではなく、買い換えにより取得した居住用財産を、将来譲渡した時点に課税するという課税の先送りにすぎません。居住用財産を譲渡した場合の3,000万円の特別控除のように課税が軽減されるわけではないので注意しましょう。

確認問題

□□□**問1** 個人が土地を譲渡したことによる譲渡所得の金額の計算において、譲渡した土地の取得費が不明である場合、当該収入金額の10%相当額を取得費とすることができる。

□□□**問2** 所得税の計算において、個人が土地を譲渡したことによる譲渡所得が長期譲渡所得に区分されるためには、土地を譲渡した年の1月1日における所有期間が（　　）を超えていなければならない。
　　　　1）5年　　　2）10年　　　3）20年

□□□**問3** 「居住用財産を譲渡した場合の3,000万円の特別控除」は、自己が居住していた家屋を配偶者や子に譲渡した場合には、適用を受けることができない。

□□□**問4** 個人が相続により取得した被相続人の居住用家屋およびその敷地を譲渡し、「被相続人の居住用財産（空き家）に係る譲渡所得の特別控除の特例」の適用を受けるためには、譲渡資産の譲渡対価の額が6,000万円以下であることなどの要件を満たす必要がある。

□□□**問5** 個人が自宅の土地および建物を譲渡し、「特定の居住用財産の買換えの場合の長期譲渡所得の課税の特例」の適用を受けるためには、譲渡した年の1月1日において譲渡資産の所有期間が（①）を超えていることや、譲渡資産の譲渡対価の額が（②）以下であることなどの要件を満たす必要がある。
　　　　1）①5年　　　②1億円
　　　　2）①5年　　　②1億6,000万円
　　　　3）①10年　　　②1億円

解答

問1 ✕ 譲渡した土地・建物の取得費が不明である場合は、または取得費が譲渡収入金額の5%に満たない場合は、概算取得費（収入金額の5%）を取得費として適用することができます。

問2 1
- 長期譲渡所得に区分：土地を譲渡した年の1月1日における所有期間が5年超
- 短期譲渡所得に区分：土地を譲渡した年の1月1日における所有期間が5年以下

問3 ○ 「居住用財産を譲渡した場合の3,000万円の特別控除」は、特別関係者に譲渡した場合には、適用を受けることができません。

問4 ✕ 「被相続人の居住用財産（空き家）に係る譲渡所得の特別控除の特例」の適用を受けるためには、譲渡価額が1億円以下でなければなりません。

問5 3 「特定の居住用財産の買換えの場合の長期譲渡所得の課税の特例」の適用を受けるためには、譲渡した年の1月1日において譲渡資産の所有期間が10年を超えていることや、譲渡資産の譲渡対価の額が1億円以下であることなどの要件を満たすことが必要です。

13 不動産の有効活用

1 土地の有効活用

　土地などの不動産は住むだけではなく、有効活用することで収益を生み出すことができます。土地活用の代表的な手法には次のものがあります。

	有効活用の方法	有効活用のメリットとデメリット
自己建設 方式	土地・建物の計画や資金調達などすべてを自分で行う方式	〈メリット〉 土地所有者が収益のすべてを受け取れる 〈デメリット〉 建設・管理なども自己責任なので負担が重い
等価交換 方式	土地所有者が土地を提供し、デベロッパーが建設費 〔不動産開発業者のこと〕 等を拠出し、完成後に拠出割合に応じて土地建物を取得する方式	〈メリット〉 建物の建築資金などは不要 〈デメリット〉 土地と建物をデベロッパーと共有しなければならない
定期借地権 方式	土地を借地人に賃貸して地代を受け取る方式	〈メリット〉 資金の負担がない 〈デメリット〉 建物の賃貸収入よりも少ない
建設協力金 方式	テナント等が差し入れた建設協力金を建築費等に充当し、テナントに建物を賃貸する方式	〈メリット〉 建築資金のための借入が不要 〈デメリット〉 テナントが撤退するとその後の使途が限定される 〔前借主の仕様になっているため〕
事業受託 方式	土地所有者が土地を手放すことなく事業を行い、建物の企画・設計・建設・管理・運営の全体をデベロッパーなどが総合的に受託する方式	〈メリット〉 土地所有者が所有権を残したまま、事務処理などを受託者に任せられる 〈デメリット〉 資金調達は**土地所有者**が行わなければならない

自己建設方式や建設協力金方式によって、自分の土地に自分名義の建物を建てて、他人に貸す場合、土地の相続税評価額は貸家建付地となり、要件を

Q 参照 P339
Q 参照 P338

満たせば、小規模宅地等の特例を適用できます。要するに評価を下げられ、相続税の負担が軽くなります。

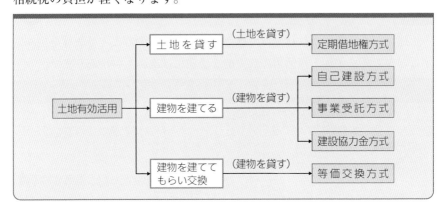

等価交換方式（部分譲渡方式）のイメージ

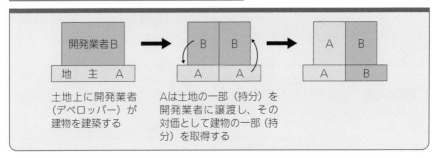

| 開発業者B | | |
| 地　主　A | | |

土地上に開発業者（デベロッパー）が建物を建築する

Aは土地の一部（持分）を開発業者に譲渡し、その対価として建物の一部（持分）を取得する

2 不動産投資の採算指標　Ⓑ

不動産投資をするか検討するうえでは、収益（採算）がとれることが重要です。その収益（採算）を判断する指標として、次のものがあります。

❶ 総収入利回り（単純利回り）

総収入利回りとは、諸経費などを考慮せず、年間の賃料収入を投資総額で割った割合のことです。

不動産投資家が不動産投資物件を購入する際に、おおよその収益性を確認するために利用します。

$$総収入利回り（\%）＝\frac{年間賃料収入}{投資総額（自己資金＋借入金）}×100$$

❷ 純利回り（NOI 利回り）

純利回りとは総収入利回りと異なり、諸経費を考慮した利回りであるため、実態を反映した利回りに近いです。

$$純利回り（\%）＝\frac{年間賃料収入－諸経費}{投資総額（自己資金＋借入金）}×100$$

□□□**問1** 投資総額1億2,000万円で購入した賃貸用不動産の年間収入の合計額が1,050万円、年間費用の合計額が300万円である場合、この投資の純利回り（NOI利回り）は、（　）である。
1）2.50%
2）6.25%
3）8.75%

解答

問1 2

- 投資総額（購入金額）　　　　　　：1億2,000万円
- 賃貸用不動産の年間収入の合計額：1,050万円
- 年間費用の合計額　　　　　　　：300万円
- 純利回り（NOI利回り）$= \dfrac{1,050万円 - 300万円}{1億2,000万円} \times 100$

$= \underline{6.25}$（%）

6章 相続・事業承継

個人の相続と贈与に関する税金が最重要!

学科 重要論点 BEST **3**

贈与 …… 贈与契約、贈与税の仕組み
民法上の相続 …… 法定相続分、遺言、遺留分
税法上の相続 …… 基礎控除、配偶者の税額軽減

実技 重要論点 BEST **3**

【金財　個人資産相談業務】

相続税の総額の計算 …… 課税遺産総額から相続税の総額を求める
小規模宅地等の課税価格の計算の特例 …… 特例を適用した後の課税価格の計算
遺言 …… 遺言に関する穴埋め問題

【金財　保険顧客資産相談業務】

遺言 …… 遺言（自筆・公正証書）に関する特徴
相続税の総額の計算 …… 課税遺産総額から相続税の総額を求める
小規模宅地等の課税価格の計算の特例 …… 特例を適用した後の課税価格の計算

【日本 FP 協会　資産設計提案業務】

遺言 …… 遺言（自筆・公正証書）に関する特徴
相続人および相続分 …… 民法上の相続人および法定相続分の計算
贈与税の計算 …… 暦年贈与による贈与税額の計算

1 贈与の基本

本章で扱う**相続**と**贈与**は、密接に関わりがあります。生前に財産を与えれ
ば贈与、死後に財産を引き継げば相続になります。

また、生前の贈与財産の一部は、相続税の計算の際に加算されます。

そのため、贈与と相続は一緒に理解する必要があります。

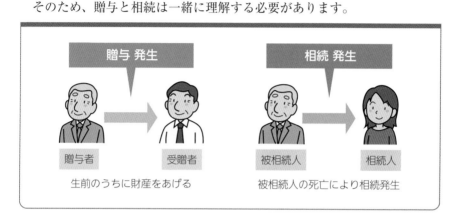

贈与 発生　　　　　　　　相続 発生

贈与者　　受贈者　　被相続人　　相続人

生前のうちに財産をあげる　　被相続人の死亡により相続発生

1 贈与とは　　Ⓑ

「有償」で財産を与えれば「譲渡所得（4章で学習）」
となります。

贈与とは、ある財産を<u>無償</u>で相手に与える意思表示をして、相手がこれを
承諾することによって成立する契約のことです。

贈与契約は、書面だけでなく口頭でも成立します。

2 贈与の解除

贈与を解除したい場合、次のとおりできる場合とできない場合があります。

書面による贈与	できない
書面によらない（口頭）贈与	履行が終わっていない部分 …… できる 履行が終わった部分 …… できない └ 財産の引渡しが済んだ後など

3 贈与の種類

贈与は形態によって次のように分類されます。

定期贈与	定期的に金銭等を贈与 贈与者または受贈者のいずれかの死亡により効力を失う
	例）毎年 10 万円ずつ、5 年間贈与する
負担付贈与	受贈者に一定の債務を負わせることを条件にした贈与
	例）不動産を贈与する代わりに、残りのローンを支払わせる
死因贈与	贈与契約を結ぶことで成立し、贈与者が死亡することによって効力を生じる贈与 贈与税ではなく、相続税の課税対象となる └ 贈与者の死亡によって効力が発生するから
	例）私が死んだらマンションを贈与する

2 贈与税の課税財産・非課税財産

一定額以上の金額の贈与を受けた場合は**受贈者**に贈与税が課されます。

1 贈与税の課税財産

贈与税の課税対象となる財産には、**本来の贈与財産とみなし贈与財産**があります。

本来の贈与財産	贈与により取得した財産	不動産・現金・株式　など	
みなし贈与財産	本来の贈与ではない形で取得した財産	生命保険金	保険料支払者と受取人が異なる契約による保険金 *保険料を負担していない人がもらうので実質的に贈与*
		低額譲渡	個人間で時価より著しく低い価額で財産を引き渡した場合の、時価と譲渡価額との差額
		債務免除	借金の免除など

2 贈与税の非課税財産

次の贈与財産には贈与税が課されません。

● 社会通念上必要と認められる香典・お見舞金　など
● 法人から個人への贈与（所得税の対象）
● 通常必要と認められる扶養義務者から扶養家族への生活費・教育費
　　　親が子の授業料を支払うのに税金がかかったらかわいそう

3 相続開始の年の贈与財産

　相続または遺贈によって財産を取得した人が、相続開始の年に贈与を受けた財産は、贈与税ではなく相続税の対象となります。

死亡した人

　相続開始（死亡）前 7 年※以内に被相続人から贈与を受けた財産は、相続財産に加算され、相続税の対象になるからです。 🔍参照 P320

※ 2024 年 1 月から、生前贈与加算が 3 年から 7 年に変更されました。ただし 2024 年 1 月以降に加算の対象期間が段階的に延びていき、2031 年 1 月以降の相続について 7 年の加算になります。

3 贈与税の計算

1 暦年課税

　贈与税は、**1月1日から12月31日**の1年間で受け取った贈与財産の合計額に対して課税されます。これを**暦年課税**といいます。

　暦年課税は、課税価格から年間最高**110万円**を**基礎控除額**として控除することができます。なお、この基礎控除額は贈与者ごとではなく、<u>受贈者</u>ごとの金額です。

子が父と母から110万円ずつ（計220万円）
もらっても基礎控除額は110万円

暦年課税の計算式

> 贈与税額＝（贈与税の課税価格[※]－基礎控除）×税率－控除額
> 　※本来の贈与財産＋みなし贈与財産－非課税財産

【贈与税の税率と控除額】←

　贈与税には、2種類の税率表があります。

一般贈与 （一般贈与財産用）	特例贈与以外の贈与（叔父・叔母など）からの贈与
特例贈与 （特例贈与財産用）	● 受贈者の直系尊属（父母・祖父母など）からの贈与で受贈者が贈与を受けた年の1月1日で**18歳以上** ● 一般贈与よりも納税額が低くなることがある

贈与税の速算表

〈一般贈与財産〉 （単位：万円）

基礎控除および配偶者控除後の課税価格		税率(%)	控除額
超	以下		
0〜	200	10	－
200〜	300	15	10
300〜	400	20	25
400〜	600	30	65
600〜	1,000	40	125
1,000〜	1,500	45	175
1,500〜	3,000	50	250
3,000〜		55	400

〈特例贈与財産〉 （単位：万円）

基礎控除および配偶者控除後の課税価格		税率(%)	控除額
超	以下		
0〜	200	10	－
200〜	400	15	10
400〜	600	20	30
600〜	1,000	30	90
1,000〜	1,500	40	190
1,500〜	3,000	45	265
3,000〜	4,500	50	415
4,500〜		55	640

例題

　子（21歳）が母親から現金800万円の贈与を受けた場合、暦年課税による贈与税の納税額はいくらか。

- -

　母親（直系尊属）からの贈与なので**特例贈与**となります。
　（800万円－110万円）×30％－90万円＝<u>117万円</u>

2 贈与税（暦年課税）の特例

● 贈与税の配偶者控除

　婚姻期間が20年以上ある配偶者に対しては、<u>贈与税を軽減する措置</u>があります。
長年連れ添った夫婦に対して贈与税を安くする制度

婚姻期間	20年以上 —贈与年の1月1日時点ではなく、贈与時点で20年以上
控除額	基礎控除（110万円）とは別に最高**2,000万円**（合計2,110万円まで非課税）
対象となる財産	居住用不動産または居住用不動産の取得資金
その他	・同一の配偶者からの贈与は**一生に一度**のみ ・贈与を受けた年の**翌年3月15日**までに居住し、引き続き居住する見込みであること ・本特例を受けて納税額が**ゼロ**になる場合でも**申告が必要**

3 相続時精算課税制度 Ⓐ

相続時精算課税制度とは、一定の贈与者（特定贈与者）と受贈者との間で贈与を行った場合に選択できる制度です。

この制度を選択すると、毎年110万円（基礎控除）と累計 2,500 万円（特別控除）までは、贈与税がかかりません（仮に累計2,500万円を超えると、超えた部分に対し、一律 20%の贈与税がかかります）。

その後、贈与者に相続が発生すると、毎年の基礎控除110万円以外の贈与財産（特別控除分を含む）は相続財産に加算されます。よって、特別控除は非課税ではありません。

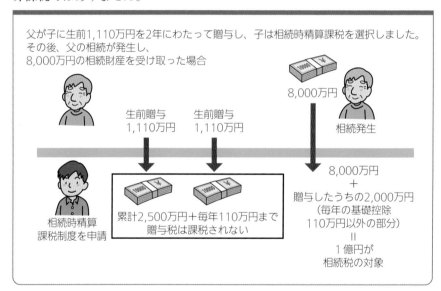

父が子に生前1,110万円を2年にわたって贈与し、子は相続時精算課税を選択しました。その後、父の相続が発生し、8,000万円の相続財産を受け取った場合

生前贈与 1,110万円　生前贈与 1,110万円

8,000万円

相続発生

相続時精算課税制度を申請

累計2,500万円＋毎年110万円まで贈与税は課税されない

8,000万円
＋
贈与したうちの2,000万円
（毎年の基礎控除
110万円以外の部分）
＝
1 億円が
相続税の対象

贈与者	贈与をした年の 1 月 1 日時点で 60 歳以上※の父母・祖父母
受贈者	贈与を受けた年の 1 月 1 日時点で 18 歳以上の子または孫（代襲相続人を含む）
贈与者死亡後の相続税の計算方法	相続時精算課税制度選択後の累積の贈与財産（110 万円差引後）を贈与時の時価で相続税の課税価格に加算して算出した相続税から、贈与時に納付した贈与税を控除した残額を納付（控除しきれない贈与税相当額は還付）

その他	● 一度選択すると暦年課税に変更できない ● 翌年の2月1日から3月15日までに届出書を提出する ● 受贈者が、贈与者ごとに、相続時精算課税か暦年課税かを選択できる

※住宅取得資金等贈与に係る相続時精算課税を除く

① 贈与税の計算

110万円/年の基礎控除＋累計2,500万円までの特別控除があり、それを超える部分には一律20%が課税されます。

$$贈与税額＝\{（贈与額－110万円/年）－2,500万円\}×20\%$$

② 暦年課税と相続時精算課税制度の比較

暦年課税と相続時精算課税は比較して理解しましょう。

	相続時精算課税制度	暦年課税
贈与税額の計算	控除限度額	
	暦年で110万円の基礎控除＋2,500万円まで特別控除	暦年で110万円の基礎控除
	税率	
	2,500万円＋110万円を超える部分は20%課税	110万円を超える部分は累進税率 Q参照 P297
相続開始時の相続税の計算	本制度を選択した後の贈与財産をすべて加算（基礎控除額を除く）	相続開始前7年以内の贈与財産を加算 Q参照 P320
	加算される贈与財産の評価は贈与時の価額	
	既に支払った贈与税があれば差し引く（相続時精算課税制度については控除不足額の還付あり）	

6章

3 贈与税の計算

299

直系尊属からの贈与の非課税制度

　直系尊属（父母・祖父母など）から**教育資金、結婚・子育て資金**の一括贈与や、**住宅取得等資金**の贈与を受けた場合、要件を満たすことにより、一定額までが**非課税**となります。

	教育資金	結婚・子育て資金	住宅取得等資金
贈与者	父母や祖父母など直系尊属（年齢制限なし）		
受贈者の年齢	原則 30 歳未満の人	原則 18 歳以上 50 歳未満の人	贈与を受けた年の 1 月 1 日現在で18 歳以上の人
受贈者の所得要件	前年の合計所得金額が 1,000 万円以下		贈与を受ける年の合計所得金額が 2,000 万円以下※
非課税限度額	1,500 万円（うち、学校等以外に係る資金は 500 万円）	1,000 万円（うち、結婚資金は 300 万円）	耐震・省エネ等住宅 1,000 万円（それ以外 500 万円）
相続時精算課税制度との併用	可能		

※取得した住宅用家屋の床面積が 40㎡以上 50㎡未満の場合は、合計所得金額が 1,000 万円以下

確認問題

□□□**問1** 暦年課税による贈与税の計算において、同年中に父と母からそれぞれ贈与を受けた場合の基礎控除額は、220万円（110万円×2人）である。

□□□**問2** 「直系尊属から教育資金の一括贈与を受けた場合の贈与税の非課税」の適用を受ける場合、受贈者1人につき最大（ ① ）の贈与税が非課税となるが、学校等以外の者に対して直接支払われる金銭については、（ ② ）が限度となる。
1) ① 1,500万円　② 500万円
2) ① 1,000万円　② 500万円
3) ① 1,000万円　② 300万円

解答

問1 ✕　暦年課税による贈与税の計算では、**受贈者ごと**に110万円までの基礎控除が適用されます。贈与者ごとではありません。

問2 1　「直系尊属から教育資金の一括贈与を受けた場合の贈与税の非課税」の適用を受ける場合、受贈者1人につき最大**1,500万円**の贈与税が非課税となり、そのうち、学校等以外の者に対して直接支払われる金銭については、**500万円**が限度となります。

贈与税の申告と納付

1 申告と納付

　受贈者が1年間に受けた贈与財産の課税価格が、基礎控除額を超える場合などは、**贈与税の申告および納付**が必要です。

贈与税の申告書の提出期限	翌年の**2月1日**から**3月15日**まで └所得税の確定申告（2月16日から）と異なる
申告書の提出先	受贈者の居住地を管轄する税務署長
納付方法	申告期限までに**金銭で一括納付**が原則 ただし、一定要件のもと**延納**（分割で最長5年）が認められる（物納は認められない）。 └相続税は物納も認められる
その他	**相続時精算課税制度**※や**贈与税の配偶者控除**は納付額がゼロになる場合でも**申告が必要** ※基礎控除110万円を超える場合

5 相続の基本

相続とは、死亡した人（被相続人）が保有していた財産（資産や負債）を、その遺族（相続人）が引き継ぐことをいいます。

1 相続人と相続順位

被相続人の財産を引き継ぐことができる相続人は、民法で定められています。また、相続人のなかでも引き継げる順位があります。

ただし、配偶者は常に相続人となります。

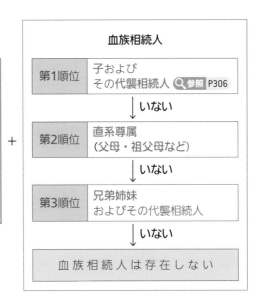

2 子の種類

相続における相続人である**子**には、養子や非嫡出子が含まれ、すべて同順位（同じ相続分）です。

非嫡出子		正式な婚姻関係にない男女の間に生まれた子
養子	普通養子	実方の父母との法律上の親族関係を残したまま、養親と親子関係を結んだ養子
	特別養子	養子が実方の父母との法律上の親族関係を終了して、養親と親子関係を結んだ養子（戸籍上、養親の実子になる）

3 法定相続分

1 **相続人と相続順位** で説明したとおり、相続人には順位があります。

民法では**相続人**と**相続順位**に従って、法定相続分を定めています。

相続順位		配偶者がいた場合の法定相続分		
		ケース	配偶者	他の相続人
第1順位	子	**配偶者と子**	2分の1	2分の1
第2順位	直系尊属	**配偶者と直系尊属**	3分の2	3分の1
第3順位	兄弟姉妹	**配偶者と兄弟姉妹**	4分の3	4分の1

●同順位の血族相続人が複数いる場合、原則として法定相続分を均等に按分する
●配偶者がいなければ、血族相続人が全財産を相続する

❶ 配偶者と子が相続人である場合（第1順位）

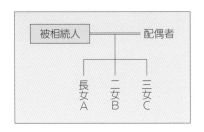

① 配偶者と第1順位の子との組合せであるため

配偶者の相続分は $\dfrac{1}{2}$、子の相続分は全員で $\dfrac{1}{2}$

② 子の相続分 $\dfrac{1}{2}$ を長女A、二女B、三女Cの3人で均等に分けるため

各 $\dfrac{1}{6}$（$\dfrac{1}{2} \times \dfrac{1}{3}$）

❷ 配偶者と直系尊属が相続人である場合（第2順位）

① 配偶者と第2順位の直系尊属との組合せであるため

配偶者の相続分は $\dfrac{2}{3}$、直系尊属の相続分は全員で $\dfrac{1}{3}$

② 直系尊属の相続分 $\dfrac{1}{3}$ を父Aと母Bの2人で均等に分けるため

各 $\dfrac{1}{6}$（$\dfrac{1}{3} \times \dfrac{1}{2}$）

③ 配偶者と兄弟姉妹が相続人である場合（第3順位）

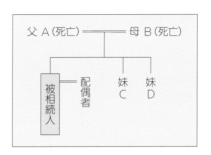

①　配偶者と第3順位の兄弟姉妹との組合せであるため

配偶者の相続分は $\frac{3}{4}$、兄弟姉妹の相続分は全員で $\frac{1}{4}$

②　兄弟姉妹の相続分 $\frac{1}{4}$ を妹C、妹Dの2人で均等に分けるため

各 $\frac{1}{8}$（$\frac{1}{4} \times \frac{1}{2}$）

4　代襲相続　

　相続開始時において、本来相続人となるべき子や兄弟姉妹がすでに死亡していた場合、その者の子（子の子であれば孫）が相続人としての地位を引き継ぎます。これを**代襲相続**といいます。

- ●代襲相続人の相続分は、すでに死亡している子（被代襲者）などと同じ相続分で、代襲相続人が複数いる場合は均等に按分する
- ●相続の放棄をすると代襲相続は発生しない

● 子の代襲相続

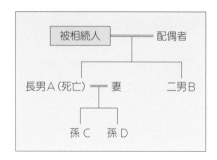

① 配偶者と第1順位の子との組合せであるため

配偶者の相続分は $\frac{1}{2}$、子の相続分は全員で $\frac{1}{2}$

② 子の相続分 $\frac{1}{2}$ を長男 A と二男 B の2人で均等に分けるため、本来は

各 $\frac{1}{4}$ $\left(\frac{1}{2} \times \frac{1}{2}\right)$

しかし、長男 A はすでに死亡しているため、孫 C と孫 D が代襲相続を
することになり

各 $\frac{1}{8}$（長男 A $\frac{1}{4} \times \frac{1}{2}$）

5 相続の承認と放棄

相続財産は必ずしも積極財産（預金や家屋など）だけではありません。<u>消極財産（借金など）</u>も含まれます。相続人が消極財産を引き継ぎたくない場合には、<u>放棄</u>や限定承認をすることができます。

単純承認	被相続人の**積極財産**と**消極財産**をすべて引き継ぐこと
	• 限定承認や放棄をしなければ、自動的に単純承認となる
限定承認	取得した積極財産を限度として、消極財産を引き継ぐこと
	• 相続の開始があったことを知った日から **3ヵ月以内**に、**放棄した者を除く**相続人全員で家庭裁判所へ申述しなければならない
放棄	相続することを放棄すること
	• 相続の開始があったことを知った日から **3ヵ月以内**に家庭裁判所へ申述しなければならないが、各相続人が<u>単独</u>でできる └─ 限定承認と違う
	• 相続を放棄した人ははじめから相続人ではなかったとみなされるため、その人の子は代襲相続をしない 放棄により、第1順位（子）の相続人がいなくなり、第2順位の父母がいる場合、その父母が相続人となる

どうして？

●**限定承認は難しい？**

限定承認は、相続の開始があったことを知った日から3ヵ月という短い期間内に、相続人全員が意見をまとめて家庭裁判所へ申述しなければならず、また手続も煩雑であるなどの理由から利用件数は少ないのが現状です。

6 遺産分割

遺産は必ずしも法定相続分に従う必要はありません。相続人間で話し合ったり、被相続人が生前に**遺言**で分割方法について指定している場合は、法定相続分以外の方法で遺産分割ができます。

遺産分割のおおまかな流れは次のとおりです。

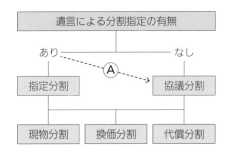

指定分割	遺言によって相続財産を分割する方法 Q 参照 P310
	● 被相続人の意思が反映される
協議分割	相続人同士の協議（話合い）によって相続財産を分割する方法
	● 相続人**全員の合意**があれば、遺言内容と異なる相続分で分割が可能（前記Ⓐ）

7 分割方法

　遺産を分割するにあたり、財産のすべてが金銭であれば分割は容易ですが、不動産など均等に分割することが難しい財産もあります。

　そのため、遺産の分割には次のような方法があります。

現物分割	土地や現金などのように、個別の相続財産をそのまま分割する方法
換価分割	土地などの財産を処分し、現金化して分割する方法
代償分割	相続人の1人または数人が、遺産の全部または一部を相続し、代わりに他の相続人に対して金銭など自己の財産で支払う方法
	例）長男がすべての財産（5,000万円）を相続する代わりに、長男が自分の財産から長女に2,000万円を支払う

ひとこと

●代償分割の具体例

　仮に被相続人の財産がマンション（1億円）のみで、法定相続人が子Aさんと子Bさんの2人だったとします。

　マンションはAさんが相続する代わりに、AさんがBさんに5,000万円を支払えば、結果としてAさんとBさんは5,000万円ずつを相続したことになります。

8 遺言

遺言（「いごん」または「ゆいごん」）は、被相続人が生前に自分の財産の渡し方について意思表示をするものです。遺言の代表的な方法には次のものがあります。

	自筆証書遺言	公正証書遺言
作成方法	本人（代筆不可）が本文[※1]・日付・氏名を自分で書き、押印する	遺言者が口授した内容を公証人が筆記して、遺言者および証人[※2]に読み聞かせて作成する
証人[※2]の立会い	不要	2人以上
家庭裁判所の検認	必要[※3] └ 手続は遅滞なく行う	不要 公証役場に保管されており、偽造や変造のリスクがないため

※1 財産目録は自筆としなくてもよいが、財産目録の全頁に署名押印が必要
※2 推定相続人や受遺者、その配偶者や直系血族等は証人になれない
※3 自筆証書遺言のうち、法務局（遺言書保管所）に保管されているものは**検認不要**

- ●満15歳以上であれば誰でも作成できる
- ●いつでも遺言の方法で撤回や書き直しができる（日付が最も新しいものが有効）※遺言の方法は問わない

└ 自筆証書遺言の内容を公正証書遺言で撤回し、新しい遺言とすることもできる

用語

- ●**証人**：遺言者本人が自由な意思で遺言書を作成したことを確認する役割を担う人のこと 特に資格（司法書士や行政書士など）は不要
- ●**公証人**：遺言書が適法なものであることを証明・認証する法律の専門家のこと
- ●**検認**：家庭裁判所が相続人に遺言書の存在や内容を知らせるとともに、遺言書の内容を明確にして、遺言書の偽造等を防止するための手続のこと 遺言の有効・無効を判断する手続ではない
- ●**遺贈**（いぞう）：遺言によって財産を受け継がせること
- ●**受遺者**：遺言によって財産を受ける人のこと

9 遺留分

被相続人が遺言を残した場合、仮に「特定の相続人だけにすべての財産を与える」という意思になっていると、他の相続人が財産をもらえず、生活に支障が生じる可能性があります。

そのため、民法では一定の相続人が**最低限取得できる遺産の割合**を保証しています。これを**遺留分**といいます。

遺留分権利者	配偶者・子（その代襲相続人を含む）・直系尊属 兄弟姉妹には認められない
遺留分割合	**配偶者**または**子**がいる場合……相続財産の**2分の1** **相続人が直系尊属のみの場合**……相続財産の3分の1

遺留分＝相続財産×遺留分割合×法定相続分

例題

相続財産が5,000万円あり、相続人が配偶者と子（2人）の合計3人の場合、子1人の遺留分はいくらか。

$$5,000 万円 \times \frac{1}{2} \times \frac{1}{2} \times \frac{1}{2} = \underline{625 万円}$$

子が2人なので1/2ずつ
配偶者と子で1/2ずつ
遺留分割合1/2

遺留分侵害額請求

遺留分を確保するためには、遺留分を得るための主張をする必要があります。これを**遺留分侵害額請求**といいます。

遺留分侵害額請求権は、相続の開始と遺留分が侵害されたことを知った日から1年、または相続開始から10年を経過すると時効により<u>消滅</u>します。

10 成年後見制度

成年後見制度は、例えば認知症になってしまうなど、判断能力が不十分な人が、財産管理や相続等において不利にならないように保護する制度です。

法定後見制度	判断能力が**不十分**になった場合に<u>後見人</u>等を選任する制度 判断能力が不十分な人に代わって財産管理などをする人 • 判断能力の程度により**後見・保佐・補助**の 3 種類がある
任意後見制度	判断能力があるうちに任意後見人を選任する制度 • 将来に備えて任意後見人と契約を結んでおく

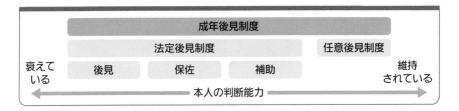

11 配偶者居住権

配偶者居住権とは、夫婦の一方が死亡した場合に、残された配偶者が亡くなるまでまたは一定の期間、無償で<u>居住することができる権利</u>です。

1 配偶者居住権

配偶者居住権とは、配偶者が家を**相続しなくても**住み続けることが可能になる権利です。
家は子が所有するけど、住むのは母親（被相続人の妻）など

配偶者居住権は登記をしなければその権利を第三者に主張することができません。

② 配偶者短期居住権

配偶者短期居住権とは、残された配偶者が、死亡した人の所有する建物に住んでいた場合、遺産分割協議がまとまるまで、または被相続人が亡くなってから6ヵ月間は無償で住み続けることができる権利のことです。

確認問題

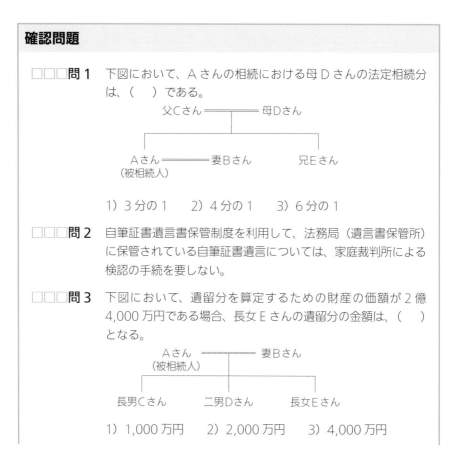

□□□**問1** 下図において、Aさんの相続における母Dさんの法定相続分は、（　　）である。

父Cさん ＝＝＝＝＝ 母Dさん

Aさん ＝＝＝＝＝ 妻Bさん　　　　　兄Eさん
（被相続人）

1）3分の1　　　2）4分の1　　　3）6分の1

□□□**問2** 自筆証書遺言書保管制度を利用して、法務局（遺言書保管所）に保管されている自筆証書遺言については、家庭裁判所による検認の手続を要しない。

□□□**問3** 下図において、遺留分を算定するための財産の価額が2億4,000万円である場合、長女Eさんの遺留分の金額は、（　　）となる。

Aさん ＝＝＝＝＝ 妻Bさん
（被相続人）

長男Cさん　　　　二男Dさん　　　　長女Eさん

1）1,000万円　　　2）2,000万円　　　3）4,000万円

問1　3　相続人は、妻Bさんと第2順位となる直系尊属（父Cさんと母Dさん）です。この場合の法定相続分は、妻Bさん：2/3、母Dさん：1/3×1/2＝1/6となります。

問2　○　自筆証書遺言書保管制度を利用して、法務局に保管されている自筆証書遺言について、家庭裁判所による検認の手続は不要です。

問3　2　遺留分を算定するための財産の価額：2億4,000万円
長女Eさんの遺留分：1/2（遺留分の割合）×1/6（法定相続分）＝1/12
2億4,000万円×1/12＝2,000万円

相続等により取得した財産が一定の金額以上の場合、相続税が課されます。

相続税の計算は相続税法に規定されており、その流れは次のとおりです。

第一段階　各人の相続税の課税価格の計算

第二段階　相続税の総額の計算

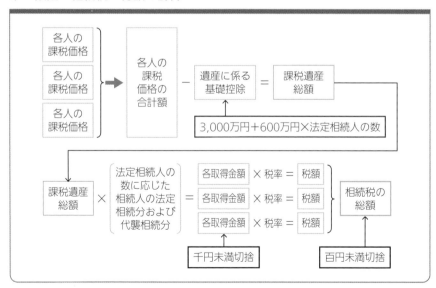

第三段階　各人の納付すべき相続税額の計算

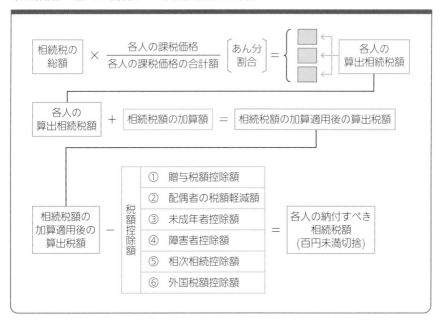

1 税法上の法定相続人の扱い

相続税法における相続人と、**民法**における相続人は必ずしも同じではありません。次のとおり、相続の放棄や養子などの取扱いが異なります。

	民法上の法定相続人の数および相続分	相続税法上の法定相続人の数および相続分	
放棄	放棄者は相続人でないものとする	放棄がなかったものとして相続人（相続分）の数に含める	
普通養子 ↓ 「特別養子」は実子と同様に計算する	人数に制限はない 実子と同じ相続分を有する	**実子がいる場合**	普通養子1人まで相続人（相続分）の数に含める
		実子がいない場合	普通養子2人まで相続人（相続分）の数に含める

民法と相続税法では、主に相続税における次の計算が異なります。

● 死亡保険金の非課税限度額、死亡退職金の非課税限度額

● 遺産に係る基礎控除額

● **なぜ民法と相続税法の相続人（相続分）は異なる？**

　たとえば、民法では養子の数に制限はありません。しかし、相続税法でも同様にすると、意図的に、養子を増やして相続人の数を増やし、基礎控除額を大きくするというような潜脱行為を考える人がいます。

　それを防ぐために、相続税法では、算入できる養子の数に制限を設けています。

　また、相続放棄をすることで意図的に相続人の数を変えることができないように、相続税法では、相続の放棄があったとしても、人数の変動しない法定相続人を規定しているのです。

本来の相続・遺贈財産の価額	＋	みなし相続・遺贈財産の価額	－	非課税財産の価額	－	債務控除額	＋	生前贈与財産の加算額	＝	各人の課税価格（千円未満切捨）

❶ 本来の相続財産とみなし相続財産

相続税の課税対象となる財産には**本来の相続財産**と**みなし相続財産**があります。

	財産の特徴	具体例	
本来の相続財産	相続または遺贈により取得した財産 遺言によって、相続人以外の人に財産を渡すこと	預貯金・株式・不動産　など	
みなし相続財産	民法上は相続人固有の財産（遺産分割の対象外）であるものの、相続税法上、**相続財産とみなして課税対象とする**もの	死亡保険金	契約者（＝保険料負担者）、被保険者が被相続人、保険金受取人が相続人である契約
		死亡退職金	被相続人の退職金等のうち、被相続人の死亡後**3年以内**に支給が確定したもの

どうして？

●**みなし相続財産とは**

　たとえば生命保険金の受取人が被相続人の子Ａであった場合、受取人は子Ａと契約で指定されているので、受取人固有の財産と決まっており、遺産分割の対象外です。しかし、相続によって子Ａが受け取ったということに着目して、相続税法上は相続財産とみなされています。

② 非課税財産

相続人が受け取る次の相続財産には、一定額まで相続税が課されません。

(1) 死亡保険金

死亡保険金は、次の金額まで非課税となります。受取人が複数人いる場合は、各相続人が受け取った金額の割合に応じて非課税枠を按分します。

500万円×法定相続人の数

└ 相続を放棄した人を含めた数

(2) 死亡退職金

死亡退職金は、(1)の死亡保険金と別枠で次の金額まで非課税となります。

500万円×法定相続人の数

(3) 墓地・仏具等

(4) 弔慰金（ちょういきん） ── 亡くなった人への弔いのために相続人に支払う金銭

相続人等が受け取った弔慰金については、次の範囲までは非課税です。

業務上死亡の場合 …… 死亡時の給与（賞与を除く）×36月
業務外死亡の場合 …… 死亡時の給与（賞与を除く）×6月

--- 例題 ---

被相続人の死亡に伴い、相続税の対象となる生命保険金を次のとおり受け取った場合、各人の非課税金額はいくらか。

配偶者（3,000万円）、子A（2,000万円）、子B※（1,000万円）
※子Bは相続を放棄している

非課税限度額 ：500万円×3人＝1,500万円

各人の非課税金額：配偶者：900万円（1,500万円×$\frac{3,000万円}{3,000万円＋2,000万円}$）

子Ａ：600万円（1,500万円×$\frac{2,000万円}{3,000万円＋2,000万円}$）

子Ｂ：非課税の適用なし

---

❸ 債務控除等

相続開始時に被相続人が支払っていない税金や借入金などがある場合、**債務控除等**として相続財産の価額から差し引くことができます。

また、**葬式費用**は、被相続人の債務ではないものの、相続に伴い必然的に生じる費用であるため、控除が認められています。

	控除できるもの	控除できないもの
債務控除	● 借入金 ● 所得税等の未払税金 ● 未払いの医療費　など	墓地や仏壇の未払金　など そもそも非課税なので控除もできない
葬式費用等	通夜・葬儀　など	香典返戻費用・法要費用 初七日や四十九日などの法会　など

❹ 生前贈与加算

参照 P295

相続または遺贈により財産を取得した人が、相続開始前7年以内に取得した財産（生前贈与財産）については、相続税の課税財産に加算されます。

なお、生前贈与により取得した財産が加算される期間は、相続開始前3年以内から7年以内に延長されたことに伴い、延長された4年間に贈与により取得した財産の価額については、総額100万円まで加算対象外となります。

なお、次の場合は相続開始前7年以内の贈与であっても、相続財産に加算されません。

● 贈与税の配偶者控除の適用を受けた財産
● 直系尊属からの住宅取得等資金の贈与を受けた場合の非課税措置

⑤ 相続税の取得費加算

相続により取得した土地について、「相続財産に係る譲渡所得の課税の特例（相続税の取得費加算の特例）」の適用を受けるためには、当該土地を、当該相続の開始があった日の翌日から相続税の申告期限の翌日以後3年を経過する日までの間に譲渡しなければなりません。

どうして？

● **なぜ生前贈与財産は相続財産に加算されるの？**

生前贈与財産を相続財産に加算しない場合、被相続人の死亡直前に駆け込みで贈与を行うことによって、相続税の負担回避をすることを防ぐためです。

---

3 第二段階 相続税の総額の計算 Ⓐ

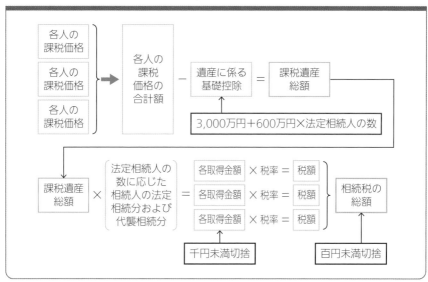

① 相続税の基礎控除

課税価格の合計額から、基礎控除額を差し引いて課税遺産総額を求めます。

遺産に係る基礎控除額＝3,000万円＋(600万円×法定相続人の数)

相続税法上の法定相続人
放棄があってもなかったものとして数える

② 相続税の総額

基礎控除を差し引いてゼロになれば、相続税はかかりません。しかし残額がある場合、その課税遺産総額を各相続人が法定相続分どおりに相続したと仮定して、**各相続人の仮の課税対象額**を算出します。

各相続人の仮の課税対象額に相続税の税率を乗じて、各相続人の相続税額を計算し、その相続税額を合算します。こうして算出したものを相続税の総額といいます。

相続税の速算表 試験で提示されるので覚える必要なし

法定相続分に応ずる取得金額		税率	控除額
	1,000万円以下	10%	―
1,000万円超	3,000万円以下	15%	50万円
3,000万円超	5,000万円以下	20%	200万円
5,000万円超	1億円以下	30%	700万円
1億円超	2億円以下	40%	1,700万円
2億円超	3億円以下	45%	2,700万円
3億円超	6億円以下	50%	4,200万円
6億円超		55%	7,200万円

4 第三段階 各人の納付すべき相続税額の計算

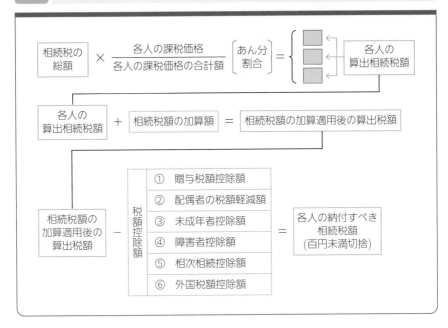

相続税の総額を、各相続人が実際に取得した課税価格の割合で按分して、**各人の相続税額**を算出します。

各人の算出税額に対して、次のとおり一定額の加算と減算を行います。

① 2割加算

2割加算とは、相続または遺贈により財産を取得した人のうち、1親等の血族および配偶者以外の人について税額を加算する制度です。

2割加算の対象外	配偶者、子、父母、**代襲相続人である孫** ⇒1親等の血族・配偶者
2割加算の対象	兄弟姉妹、祖父母、代襲相続人でない孫（孫養子を含む）など⇒上記以外

どうして？

● **なぜ2割加算がある？**

　被相続人に近い立場の人以外は、被相続人の死亡により受け取る財産は偶然性が高いため、相続税が加算されます。

② 贈与税額控除（税額控除）

　相続または遺贈により財産を取得した人が、相続開始前7年以内[※]に被相続人から生前贈与を受けた際、すでに贈与税を支払っていた場合、支払った贈与税額を、相続税額から控除することができます。

※2031年1月1日より前に相続開始日がある場合は、3年超7年未満

③ 配偶者に対する相続税額の軽減（税額控除）

　被相続人の配偶者が取得した財産が <u>1億6,000万円または配偶者の法定相続分のいずれか多い金額までは相続税はかかりません</u>。

　　配偶者に多額の相続税を課すると生活に支障が出るので軽減する

● <u>婚姻期間にかかわらず</u>適用できる
　　　　贈与税の配偶者控除（婚姻期間20年以上）と異なる
● 適用を受けることで税額が<u>ゼロ</u>になっても相続税の<u>申告は必要</u>
● <u>法律上の婚姻の届出をした場合</u>に限る
　　　　内縁関係はダメ

④ 未成年者控除（税額控除）

　相続または遺贈により財産を取得した相続人等が18歳未満である場合に、相続税額から次の金額を控除することができます。

控除額＝（18歳－相続開始時の年齢[※]）×10万円
※1年未満の端数があるときは切り捨てて計算する

確認問題

□□□**問1** 相続税額の計算上、死亡保険金の非課税金額の規定による非課税限度額は、「（　　）×法定相続人の数」の算式により算出される。

1）300万円　　2）500万円　　3）600万円

□□□**問2** 下図において、被相続人Aさんの相続における相続税額の計算上、遺産に係る基礎控除額は（　　）である。

1）4,200万円　　2）4,800万円　　3）5,400万円

6 章

6

相続税の計算

解答

問1 **2** 死亡保険金の受取人が相続人（相続を放棄した人や相続権を失った人は含まない）である場合、死亡保険金には非課税の適用があります。

> 非課税限度額＝**500万円×法定相続人の数**

問2 **1** Aさんの法定相続人について、第1順位の子がおらず、第2順位の母が生きているため、配偶者（妻Bさん）と第2順位の母Cさんの計2人が法定相続人となります。
- 遺産に係る基礎控除額＝3,000万円＋600万円×2人
　　　　　　　　　　　　＝4,200万円

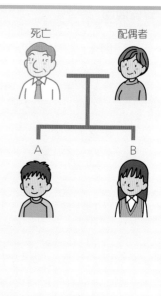

例題

　被相続人の財産および相続人が次の場合、子Ａ
（12歳）の納付すべき相続税額はいくらか。

課税価格の合計額　1億8,000万円
〈各人の課税価格〉
配偶者の課税価格　9,000万円
子Ａの課税価格　　9,000万円（子Ｂは相続を放棄）

〈相続税の速算表〉（一部抜粋）

法定相続分に応ずる取得金額		税率	控除額
	1,000万円以下	10%	―
1,000万円超	3,000万円以下	15%	50万円
3,000万円超	5,000万円以下	20%	200万円
5,000万円超	1億円以下	30%	700万円

ステップ1　各人の課税価格　配偶者9,000万円　子Ａ9,000万円
ステップ2　相続税の総額
基礎控除額 …… 3,000万円＋（600万円×3人※）＝4,800万円
　※子Ｂは相続を放棄していないものとして法定相続人の数に含める
課税遺産総額 …… 1億8,000万円－4,800万円＝1億3,200万円
【配偶者】1億3,200万円×$\frac{1}{2}$＝6,600万円

　　　　　6,600万円×30%－700万円＝1,280万円

【子Ａ・Ｂ】1億3,200万円×$\frac{1}{4}$※＝3,300万円（1人分）

　　　　　※配偶者の法定相続分が$\frac{1}{2}$、子の法定相続分が$\frac{1}{2}$（$\frac{1}{2}$を2人で分けるの
　　　　　　で、各人は$\frac{1}{4}$）

　　　　　3,300万円×20%－200万円＝460万円
相続税の総額 …… 1,280万円＋460万円×2人分＝2,200万円
ステップ3　各人の納付すべき相続税額

配偶者および子Ａ　2,200万円×$\frac{9,000万円}{1億8,000万円}$＝1,100万円

子Ａの未成年者控除＝（18歳－12歳）×10万円＝60万円
配偶者の納付税額 …… 0円（法定相続分どおりの取得であるため）
子Ａの納付税額 …… 1,040万円（1,100万円－60万円）

実技試験に`チャレンジ!`

2024年9月2日に相続が開始された鶴見和之さんの〈親族関係図〉が下記のとおりである場合、民法上の相続人および法定相続分の組み合わせとして、最も適切なものはどれか。

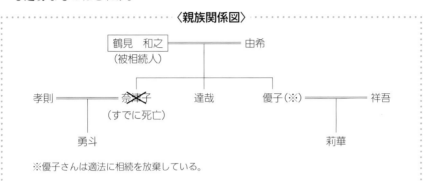

〈親族関係図〉

※優子さんは適法に相続を放棄している。

1) 由希 1／2　達哉 1／2
2) 由希 1／2　達哉 1／4　勇斗 1／4
3) 由希 1／2　達哉 1／6　勇斗 1／6　莉華 1／6

解答・解説

答 2

　本問において、第1順位の相続人は達哉さんと勇斗さん（すでに死亡している奈津子さんの代襲相続人）です。優子さんは相続を放棄しているため民法上の相続人ではなく、放棄の場合は代襲相続も発生しません。

　したがって、民法上の相続人は、妻：由希さん、子：達哉さん、孫：勇斗さんであり、法定相続分は、由希さん 1/2、達哉さん 1/4、勇斗さん 1/4 となります。

実技試験にチャレンジ！

相続税の総額の計算

〈資　料〉

　非上場企業であるＸ株式会社（以下、「Ｘ社」という）の代表取締役社長で
あったＡさんは、2024年7月8日に病気により70歳で死亡した。

〈Ａさんの親族関係図〉

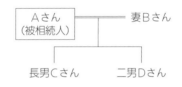

問　Ａさんの相続に係る課税遺産総額（「課税価格の合計額 − 遺産に係る基礎
控除額」）が2億9,000万円であった場合の相続税の総額は、次のうちどれか。

1)　　　7,050万円

2)　　　9,050万円

3) 1億350万円

〈資料〉相続税の速算表（一部抜粋）

法定相続分に応ずる取得金額	税率	控除額
万円超　　万円以下		
〜　1,000	10%	−
1,000 〜　3,000	15%	50万円
3,000 〜　5,000	20%	200万円
5,000 〜 10,000	30%	700万円
10,000 〜 20,000	40%	1,700万円

答 1

　相続税の総額は、相続人が法定相続分にしたがって相続財産を取得したものとして計算します。本問の場合、相続人が配偶者と子なので、法定相続分は配偶者2分の1、子2分の1となります。

❶妻Bさんの法定相続分：2億9,000万円×$\frac{1}{2}$＝1億4,500万円

❷❶にかかる相続税：1億4,500万円×40％－1,700万円＝4,100万円

❸長男Cさん、二男Dさんの法定相続分：2億9,000万円×$\frac{1}{2}$×$\frac{1}{2}$＝7,250万円

❹❸にかかる相続税：7,250万円×30％－700万円＝1,475万円

❺相続税の総額：4,100万円＋1,475万円×2人＝<u>7,050万円</u>

7 相続税の申告と納付

1 相続税の申告 Ⓐ

相続税の計算により納付すべき相続税額がある場合、申告および納付が必要です。

┌─ 相続人ではない

● 納税地は、<u>被相続人</u>の住所地の所轄税務署長
● 申告書の提出は、相続の開始があったことを知った日の翌日から
　10ヵ月以内
● 課税価格の合計額が遺産に係る基礎控除額以下の場合は申告不要
● 「配偶者の相続税額の軽減」や「小規模宅地等の課税価格の特例」を
　適用する場合は、相続税額がゼロになっても申告が必要

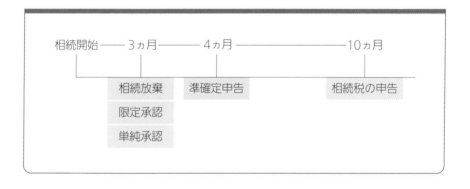

2 相続税の納付が困難な場合

　相続税は、申告期限までに金銭で一括して納付するのが原則ですが、それが困難な場合は延納（分割）による支払いが可能です。

　延納による場合は、相続税額が 10 万円を超えるなどの要件が必要です。

　さらに延納によっても納付が困難な場合のみ、申請書を提出することで物納（不動産などの物を納付すること）も可能です。

8 財産の評価 （宅地建物等以外）

1 金融商品の評価 Ⓑ

預金や投資信託等の評価については次のとおりです。

普通預金	預入残高
定期預金	預入残高＋（既経過利子の額－源泉徴収税額）
上場株式	①〜④のうち最も低い価格 ①課税時期（死亡日または贈与日）の最終価格 ②課税時期の属する月の毎日の最終価格の平均 ③課税時期の属する月の前月の毎日の最終価格の平均 ④課税時期の属する月の前々月の毎日の最終価格の平均
上場証券 投資信託	上場株式に準じた評価額
生命保険契約に 関する権利	解約返戻金相当額

ひとこと

●生命保険契約に関する権利

生命保険契約に関する権利とは相続の開始時において、まだ保険事故が発生していない生命保険契約に関する権利のことをいいます。具体的には次のような契約です。

保険契約者	保険料負担者	被保険者	保険金受取人
夫（死亡）	夫（死亡）	妻（生存）	夫（死亡）

この保険契約では、保険料負担者である夫が死亡したときには、被保険者である妻は生存しているので死亡保険金は支払われず、解約返戻金を受け取ることや保険を継続することなどができます。

取引相場のない株式の評価

取引相場のない株式とは、取引所に上場されていない企業の株式のことです。後継者などが、旧経営者から贈与や相続により株式を引き継いだ場合の評価方法で、類似業種比準方式、純資産価額方式、配当還元方式があります。

取得者	評価方式	評価方式
同族株主等 株主やその配偶者、その他一定の親族などが議決権総数の過半数などを有すること （原則的評価方法）	類似業種比準方式	業種が類似する上場会社の株価をもとに、**配当・利益・純資産**の3要素を評価会社と上場会社とで比較して評価する方式
	純資産価額方式	評価会社を解散した場合の純資産価額をもとに評価する方式
	併用方式	類似業種比準方式と純資産価額方式の併用方式
同族株主等以外の株主 （特例的評価方法）	配当還元方式	同族株主以外の株主が取得する評価方式

確認問題

□□□**問1** 2024年9月6日（金）に死亡したAさんが所有していた上場株式Xを相続により取得した場合の1株当たりの相続税評価額は、（　）である。

2024年7月の毎日の最終価格の月平均額	1,180円
2024年8月の毎日の最終価格の月平均額	1,200円
2024年9月の毎日の最終価格の月平均額	1,200円
2024年9月6日（金）の最終価格	1,190円

　　1) 1,180円　　2) 1,190円　　3) 1,200円

解答

問1 **1** 上場株式は、原則として次のうち**最も低い価額**で評価します。

①	課税時期（死亡または贈与日）の最終価格
②	課税時期の属する月の毎日の最終価格の月平均額
③	課税時期の属する月の前月の毎日の最終価格の月平均額
④	課税時期の属する月の前々月の毎日の最終価格の月平均額

1 宅地

宅地とは、建物の敷地として用いられる土地です。宅地や宅地上の権利の価額は1画地（宅地を利用する単位）ごとに評価します。登記上の一筆ごとの評価ではありません。

Q 参照 P247

宅地の評価方式には、**路線価方式**と**倍率方式**があります。

路線価方式	市街地にある宅地の評価方法
	1㎡当たり、千円単位で表示される
倍率方式	路線価が定められていない郊外地などで使用する評価方法
	固定資産税評価額に一定の倍率を掛けて算出する

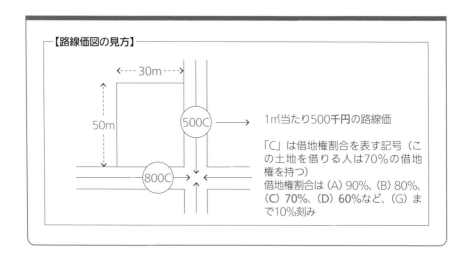

【路線価図の見方】

←--- 30m ----→

50m

500C ──→ 1㎡当たり500千円の路線価

800C

「C」は借地権割合を表す記号（この土地を借りる人は70%の借地権を持つ）
借地権割合は（A）90%、（B）80%、（C）70%、（D）60%など、（G）まで10%刻み

本書においては、宅地の評価について「路線価方式」を前提に解説します。

① 自用地

自用地（自分で使用する土地）は次の計算式により評価します。

〈1つの道路にのみ面している場合〉

評価額＝路線価×奥行価格補正率×面積（地積）

例題

次の宅地の自用地の評価額はいくらか。

（普通住宅地区）

←── 路線価 160C ──→

30m

20m

奥行価格補正率　20m …… 1.00

160,000円×1.00×30m×20m＝<u>9,600万円</u>

② 借地権（普通借地権）🔍参照 P255

借地権は、建物を建てるための宅地として借りている人の権利で、次の計算式により評価します。

評価額＝自用地評価×借地権割合

③ 貸宅地 🔍参照 P240

　貸宅地は、借地権を設定して貸している宅地で、次の計算式により評価します。他人が利用する権利が付着しているため、自用地より評価が下がります。

> 評価額＝自用地評価×（1－借地権割合）
> └─「貸宅地」と「借地権」の評価額を足すと「自用地評価」になる

④ 貸家建付地 🔍参照 P240

　貸家建付地は、自分の土地に建物を建てて他人に貸している場合の宅地で、次の計算式により評価します。

> 評価額＝自用地評価額×（1－借地権割合×借家権割合×賃貸割合）
> 　　　　　　　　　　　　　　　└─一律30%　　└─満室なら100%

例題

　Aさんは次の宅地の上に家屋を建築し、それをBさんに賃貸借契約によって貸し付けていた。この場合の貸家建付地の評価額はいくらか。家屋の借家権割合は30%、賃貸割合は100%とする。

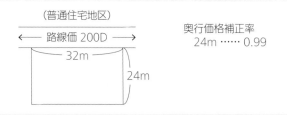

（普通住宅地区）
←── 路線価 200D ──→
32m
24m

奥行価格補正率
24m ……… 0.99

- 自用地評価 …… 200,000円×0.99×32m×24m＝152,064,000円
- 貸家建付地の評価 …… 152,064,000円×（1－60%※×30%×100%）
　　　＝124,692,480円
※本問の路線価は「200D」なので、借地権割合は60%（記号D）となります。

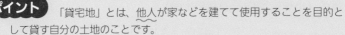

たなけん　ポイント

「貸宅地」とは、他人が家などを建てて使用することを目的として貸す自分の土地のことです。

「貸家建付地」とは、自分が所有する賃貸マンション、アパートなどの居室を他人に貸している自分の土地のことです。

2　小規模宅地等についての相続税の課税価格の計算の特例

被相続人の事業や居住用に使用されていた建物等がある宅地は、一定面積まで評価を軽減する特例があります。これを<u>小規模宅地等についての相続税の課税価格の計算の特例</u>といいます。

〔税負担が軽くなる〕

被相続人等の用途		宅地の区分	対象上限面積	減額割合
居住用	被相続人などが居住用に使用していた土地	特定居住用宅地等	330㎡	80%
事業用	被相続人などが事業用に使用していた土地	特定事業用宅地等	400㎡	80%
不動産賃貸用	被相続人などが不動産の貸付用に使用していた土地	貸付事業用宅地等	200㎡	50%

● 被相続人の居住用宅地等を**配偶者**が取得した場合は、**無条件**で特定居住用宅地等とみなされる（配偶者以外の親族には一定の要件が必要）
● 特例を適用するためには、相続税が**ゼロ**になる場合でも**申告が必要**
● **特定居住用宅地等**と**特定事業用宅地等**はそれぞれの上限（330㎡＋400㎡＝730㎡）まで<u>併用できる</u>
● **特定居住用宅地等**と**貸付事業用宅地等**を併用する場合は、面積によって調整が必要になる

6章

9　財産の評価（宅地建物等）

339

計算式（小規模宅地等の減額金額）

$$宅地等の評価額 \times \frac{(400㎡ \ or \ 330㎡ \ or \ 200㎡)}{総地積（㎡）} \times (80\% \ or \ 50\%)$$

例題

自用地評価額5,000万円（400㎡）の居住用宅地等について、被相続人の配偶者が取得した場合、小規模宅地等の課税価格の特例を適用後の相続税評価額はいくらか。

特定居住用宅地等は330㎡まで80%を減額できるので、計算式は次のとおり。

減額される金額 …… $5,000万円 \times \frac{330}{400} \times 80\% = 3,300万円$

400㎡のうち、330㎡までが適用

相続税評価額 …… 5,000万円 − 3,300万円 = 1,700万円

どうして？

●**小規模宅地を低く評価する理由**

相続税の納税負担が重くなると、税金を工面するために被相続人の自宅などを売却せざるを得なくなり、仮にその家に家族が住んでいた場合は、生活基盤をなくす可能性があります。それを防ぐためです。

3 建物の評価 Ⓑ

建物は次の計算式により計算します。

1 自用家屋の評価

評価額＝固定資産税評価額×1.0

❷ 貸家の評価

評価額＝固定資産税評価額×（1－借家権割合×賃貸割合）

└ 借家権割合は一律30％

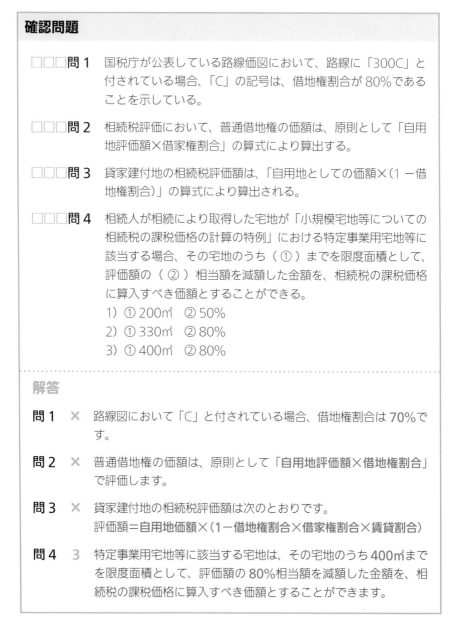

確認問題

□□□**問1** 国税庁が公表している路線価図において、路線に「300C」と付されている場合、「C」の記号は、借地権割合が80%であることを示している。

□□□**問2** 相続税評価において、普通借地権の価額は、原則として「自用地評価額×借家権割合」の算式により算出する。

□□□**問3** 貸家建付地の相続税評価額は、「自用地としての価額×(1−借地権割合)」の算式により算出される。

□□□**問4** 相続人が相続により取得した宅地が「小規模宅地等についての相続税の課税価格の計算の特例」における特定事業用宅地等に該当する場合、その宅地のうち（①）までを限度面積として、評価額の（②）相当額を減額した金額を、相続税の課税価格に算入すべき価額とすることができる。
1) ①200㎡ ②50%
2) ①330㎡ ②80%
3) ①400㎡ ②80%

解答

問1 ✕ 路線図において「C」と付されている場合、借地権割合は**70%**です。

問2 ✕ 普通借地権の価額は、原則として「**自用地評価額×借地権割合**」で評価します。

問3 ✕ 貸家建付地の相続税評価額は次のとおりです。
評価額＝**自用地価額×(1−借地権割合×借家権割合×賃貸割合)**

問4 3 特定事業用宅地等に該当する宅地は、その宅地のうち**400㎡**までを限度面積として、評価額の**80%**相当額を減額した金額を、相続税の課税価格に算入すべき価額とすることができます。

索引